GRC – Dictionary Special
Governance – Risk – Compliance

ISBN: 9781691414994
Selo editorial: Independently published
Dicionario – Lista de palavras

Pedidos: mariocesarpintaudi@terra.com.br
www.amazon.com.br

G **RC – Dictionary Special**
Governance –Risk –Compliance

Seu melhor "dicionário de bolso" ou guia para consultas rápidas e diretas de maneira clara e objetiva, sobre os principais termos, acrônimos e jargões inerentes à Governança, Risco e Compliance. Que também acaba estando interligado a outras áreas do conhecimento como Gestão de Projetos, Arquitetura Orientada a Serviços – SOA, Segurança da Informação, Modelagem de dados, apoio à Inteligência de Negócios e sustentabilidade. Ajuda prática para estudantes, analistas, técnicos, supervisores, gerentes, diretores e demais profissionais, que trabalham direta ou indiretamente com a tecnologia da informação e comunicação (TIC). Complementam-se ainda ao seu conteúdo, alguns exemplos e histórias com alguns cases em belos textos a cada passagem de novos termos do vocabulário, ilustrando ainda e enriquecendo mais sua visão dos processos de negócio junto à tecnologia. Uma ferramenta poderosa e indispensável de informação profissional para seu dia-a-dia.

Você encontrará ainda ao final desta obra, um check-list da **OPSSC** (Office of the Public Sector Standards Commisioner), principal Órgão mundial das boas práticas de Governança, com os princípios padrões para o melhor cumprimento das normas, à qual poderá ser adaptada às suas reais necessidades.

Especial, porque sem dúvida não é um mero dicionário. Como irá perceber, vai muito além!

EPÍGRAFE

"Importante ou fundamental, o que vale é fazer as coisas

certas e não certas coisas."

DEDICATÓRIA

Dedico a realização desta obra à minha amada filha Sarah. Fruto do amor verdadeiro junto à minha querida esposa Camila, às quais dão continuidade ao principal valor cultivado e aprendido em minha vida, que é a base e educação familiar.

Obrigado família.

AGRADECIMENTOS

Ao meu irmão Hugo que colaborou criativamente a esta obra, aos meus amigos e colegas de trabalho que agregam a cada novo aprendizado. E eternamente a meu pai, mãe e DEUS, pela benção, fé, força e luz.

SUMÁRIO

PREFÁCIO

A enorme diversidade e complexidade dos mercados emergentes e sobretudo exigentes, pela falta de melhores práticas dos processos, conformidades regulamentatórias financeiras e cumprimento das auditorias, fizeram com que novos métodos, ideologias não fixamente pragmáticas, mas flexíveis à composição de diferentes frameworks técnicos e de gestão, dessem uma nova dinâmica ao pioneirismo da chamada Governança Corporativa. E que, respaldada aos fortes conceitos administrativos e econômicos de grandes estudiosos da área, vinculou-se hoje à inovação e gestão do conhecimento formando a chamada Governança de TI. A intensidade com que a informação chega, as preocupações em deter um mínimo de segurança possível e o grande turnover de funcionários decorrentes nas empresas, obrigaram os CEO's serem mais do que visionários e inverterem a pirâmide empresarial, redefinindo novas estratégias. Com isso, as adaptações inerentes à Governança foram sendo naturalmente introduzidas na cultura organizacional, influenciando não tão somente o segmento operacional, mas sobretudo, o tático e estratégico de como agir e não apenas reagir aos sinais dados pela percepção interna e claro do mercado.O entendimento deste novo panorama evolutivo e extremamente mutante de estar aderente às necessidades dos clientes, usuários, associados e comunidade de consumo em geral, seja por bens duráveis ou não duráveis, habilitou algumas novas formações e aparatos de atendimento e respostas mais qualitativas, seguras e precisas, inerentes àquilo que se deseja ou até àquilo que ainda se projeta obter.Neste contexto, inúmeros novos jargões foram surgindo, novas tecnologias e remodelagens de tratamento aos processos de negócio, resultando em maneiras diversificadas de planejamento ostensivo, mas criativos de não somente prever o óbvio, mas saber e poder correr os riscos calculados mas necessários de serem realizados, mas claro, com o sempre e bem conhecido plano de contingência na manga, ordenado pelas diretrizes estatutárias de sua Organização. A heterogeniedade de tantos campos de capacitação intelectual, com o entrelaçamento quase que mesclado de diferentes setores se comunicando e trocando informações praticamente auto-dependentes, num fluxo de trabalho continuo, fez com que o modelo centralizado de atividades, fosse dando espaço ao modelo fracionado de compartilhamento variado do conhecimento agregado de individuo a individuo, onde todos ao final soubessem e pudessem deter das propriedades intelectuais, sem dependência exclusiva, dando-se uma continuidade mútua das atividades governadas naquele dado ambiente de trabalho, sem prejudicar assim a produtividade.

[A]

➢ Access Management (Gerenciamento de acesso)

Visa assegurar uma centralização pré-aprovada de regras em que se possa criar, ler, atualizar ou remover dados tão somente utilizando-se de métodos adequados e devidamente controlados. Os programas de Governança de dados, por exemplo, possui muitas vezes, foco no apoio ao gerenciamento de acesso, alinhado às exigências e restrições impostas pelo Governo, Empresa/Instituição, na Gestão de Riscos, Compliance, com esforços para com a Segurança e Privacidade das informações.

➢ Accessibility (Acessibilidade)

É uma característica dos dados. Isso significa que determinadas informações devem ser de fácil acesso.

➢ Accuracy (Precisão /Exatidão)

É uma característica também intrínseca à informação. Isso significa que os dados possuem valor correto, são válidos e estão ligados como sendo um registro confiável.

Também caracterizado a descrever a proximidade ou o ajustamento de dados,elementos ou atributos para a confirmação ou um intervalo esperado de valores.

➢ Action Item (Item de ação)

Em um contexto de Gerenciamento de Projetos, significa uma unidade em uma lista de atividades que foi atribuída a um indivíduo ou a uma equipe, para ser concluída.

➢ Activity (Atividade)

Muito voltada ao contexto de Gerenciamento de Projetos, onde significa uma seqüência de instruções, tratadas como uma unidade básica de trabalho.

➢ Activity Diagram (Diagrama de atividade)

São os chamados casos de uso que podem ser representados na forma de diagrama

Exemplo:

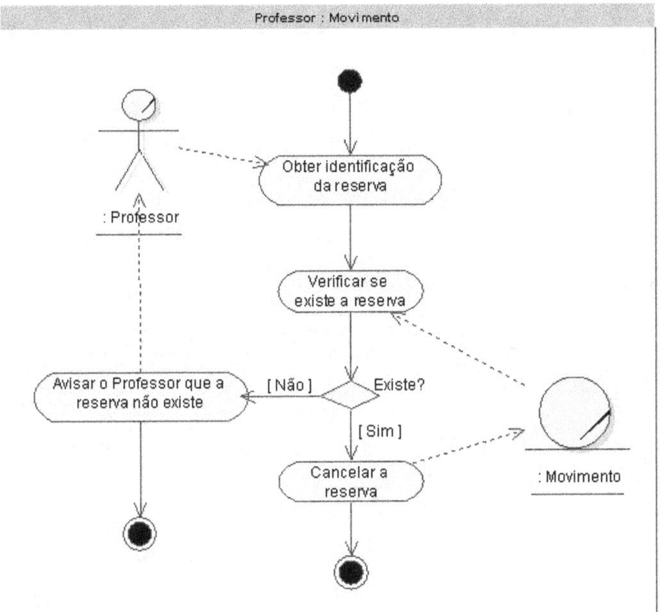

➢ Actor (Ator)

Em um contexto de casos de uso, representa uma entidade (algo ou alguém) fora do sistema ou regra de negócio que interage com o sistema ou negócio em si. No exemplo do Diagrama de Atividade o ator é o professor. Podendo ser um usuário, arquiteto, programador, analista, gerente dentre outros.

➢ Additive Fact (Fator de aditivo)

Representa uma medida numa tabela que pode ser somada de forma significativa em todas as dimensões.

Exemplo: Num contexto gerencial, seria o complemento de uma cláusula, requisito, artefato de entrega em um projeto. Já em um contexto de modelagem de dados seria o vinculo para com a chamada tabela de fatos em que se tem, por exemplo, a inserção de um ID, de um campo etc..

➢ Address cleansing (Limpeza de endereço)

Representa um tipo de limpeza de dados.

Exemplo: A conversão de endereços de rua para um formato padrão estabelecido em um pais, empresa, local.

➢ Aggregates (Agregados)

São resumos pré-calculados e pré-classificados que estão armazenados internamente para melhorar o desempenho de uma consulta / busca por informação.

➤ Aggregation (Agregação)

Resumo de linhas numa tabela de fatos de acordo com uma dimensão específica. Uma espécie de conjunto de informação contida numa tupla(linha) de uma dada tabela.

➤ AIA

Nomenclatura de Application Integration Architecture (Arquitetura Integrada à Aplicação).

➤ Alert (Alerta)

Notificação via e-mail, portal ou dispositivo sem fio de um evento ou tendência que requer atenção imediata.

➤ Algorithm (Algorítimo)

Uma regra precisa (ou conjunto de regras), especificando a forma de resolver algum problema.

➤ Alternate Key (Chave alternada)

Coluna ou combinação de colunas, que não são as colunas de chave primária, cujos valores de identificação única podem ser uma linha em uma tabela. Conhecido como AK, pois identifica unicamente um registro na tabela, assim como a chave primária.

➤ American Society for Quality (ASQ)

Uma associação sem fins lucrativos de especialistas em controle de qualidade que se dedicam à promoção, aprovação e aplicação de qualidade: ferramentas, princípios e práticas em suas comunidades e locais de trabalho.

➤ Analytics / Report Developer

É o desenvolvedor de software responsável pela criação de relatórios e soluções de aplicações analíticas.

➤ Anomaly (Anomalia)

Evento inesperado ocasionado em um equipamento pré-configurado, ou numa compilação de execução desenvolvida e esperada em que decorre-se um resultado incondizente ao natural.

➤ Anonymization (Anônimo)

Decorre-se a um processo de remoção de informações de uma fonte de dados (arquivo, por exemplo) que pode ser usado para retornar para uma pessoa real. Uma vez caracterizado como anônimo, os dados não podem ser ligados a qualquer fonte. Ao contrário da filtragem e da criptografia, é uma técnica que o layout do campo original (posição, tamanho e tipo de dados) pode permanecer o mesmo,olhando para um ambiente real de dados de teste.

➢ **ANSI**

Nomenclatura para American National Standards Institute. (Instituto nacional de padrões da América)

➢ **Application Architect (Arquiteto de aplicação)**

Desenvolvedor de softwares, responsável por integrar as aplicações de sistema.

➢ **Application Architecture (Arquitetura de aplicação)**

Considerado como uma disciplina, processo ou programa voltado para integração de aplicativos de software. Um dos quatro padrões de arquitetura(assim como se tem a Arquitetura de Negócios, Arquitetura de Dados e Arquitetura do Sistema).

➢ **Application Development (Desenvolvimento de aplicação)**

Um grupo funcional, responsável pelo desenvolvimento, customização e manutenção de sistemas de aplicação. Também conhecida como Engenharia de Software, Desenvolvimento de Software e Desenvolvimento de Sistemas.

➢ **Application Management (Gerenciamento de aplicação)**

É o processo responsável pela gestão de sistemas informatizados em todo o seu ciclo de vida. Trata-se do gerenciamento de aplicativos com um sistema único de cada vez, enquanto gerenciamento de portfólio, direcionado para o conjunto de aplicativos.

➢ **Application Portfolio (Conjunto de aplicações)**

Uma coleção de aplicações de software e sistemas. Organizações em geral, não podem considerar o valor de uma única aplicação de software de forma isolada, devendo avaliar a forma como ele se encaixa no contexto deste conjunto de aplicações.

➢ **Architecture Document (Documento de arquitetura)**

É um documento que descreve como as peças/artefatos e demais mecanismos se encontram ajustados pelo sistema em todo conjunto. Deve incluir a informação de alto nível, facilmente compreensível por todos os interessados, em conseqüência, irá incluir também informações cada vez mais técnicas.

> ➤ **Artifact (Artefato)**

Um pedaço da informação produzida, modificada ou usada por um processo. Os documentos são muitas vezes referidos como artefatos.

> ➤ **Ascending (Ascendente)**

Seleção das informações selecionadas de um grau menor para um nível superior.

> ➤ **ASQ**

Nomenclatura associada a American Society for Quality

> **Assurance (Garantia)**

Atividades destinadas a alcançar uma medida de confiança. Assurance é diferente de auditoria, que está mais preocupado com o cumprimento das normas ou requisitos formais.

> **Atomic data (Dados atômicos)**

Um pedaço de informação que não pode ser subdividido.

> **Attribute (Atributo)**

Representa um elemento de dados armazenados em um banco de dados ou arquivo que não fazem parte da chave primária. Para um campo nome, "João" (o que representa o primeiro nome) é um atributo - apenas um dos vários atributos que fazem parte de toda a entidade (campo de dados). Por exemplo, se uma pessoa é uma entidade, então o nome dessa pessoa é um atributo

> **Audit (auditoria)**

Um exame independente de esforço para determinar a sua conformidade com um conjunto de requisitos. Uma auditoria pode ser realizada por grupos internos ou externos.

> **Audit Report (Relatório de auditoria)**

Documento que declara a avaliação da empresa a níveis de prestação de contas perante a veracidade e precisão das informações financeiras da empresa de acordo com as práticas contábeis adotadas.

> Audit Trail (Trilha de auditoria)

Um registro que pode ser interpretado pelos auditores para estabelecer que uma atividade foi realizada. Muitas vezes, considerado como um registro cronológico das atividades do sistema para permitir a reconstrução e análise da seqüência de eventos e / ou alterações em um evento. Uma trilha de auditoria de uso de recursos do sistema pode incluir: login do usuário, acesso a arquivos e os disparos de alguma ação que indicam se as violações de segurança ou qualquer outra tentativa tenha ocorrido.

> Authorization (Autorização)

Um processo que garanta que os usuários tenham sido corretamente autenticados podendo acessar somente os recursos para que o proprietário tenha dado a eles como aprovação/liberação.

> Availability (Disponibilidade)

Relaciona-se a precisão e integridade das informações, bem como a sua validade, de acordo com os valores e expectativas. Enfim, a capacidade de um produto para estar em um estado para executar sua função designada sob condições estabelecidas em um dado momento.

> Availability Management (Gerenciamento de Disponibilidade)

O processo responsável pela definição, análise, planejamento, medição e melhoraria de todos os aspectos da disponibilidade de serviços de TI. Gerenciamento da Disponibilidade é responsável por garantir que todas as infra-estruturas de TI, processos, ferramentas, papéis, etc sejam apropriadas para o nível de serviço acordado.

Sustentabilidade em mercados emergentes

Nos mercados emergentes, muitas empresas estão se beneficiando de iniciativas que aliam progresso a desenvolvimento sustentável - práticas ambientais sensatas e crescimento social e econômico responsável.

Isso significa que também as empresas de mercados emergentes enfrentam riscos – e encontram oportunidades - cada vez maiores em razão da crescente apreensão do público com a sustentabilidade e com questões relativas a ela. Empresas que não se consideravam atingidas por esses temas três anos atrás são afetadas atualmente, e as que hoje não se sentem atingidas podem enfrentar uma situação muito diferente daqui a três anos.

Rafael Wong, vice-presidente executivo da Reybancorp no Equador, resume a situação: *"Em cinco anos, o acesso aos mercados internacionais será vetado às companhias que não demonstrarem respeito pelo meio ambiente. Isso se tornou fundamental para o comércio internacional.*

É sem dúvida uma oportunidade que as empresas têm de obter benefícios como aumento nas vendas, redução nos custos e baixos riscos por meio de melhores práticas em **governança corporativa** com o aprimoramento de práticas ambientais e investimentos em desenvolvimento econômico e social.

Como em qualquer atividade comercial, melhorar o desempenho ambiental, social ou administrativo da empresa não dá nenhuma garantia de sucesso. A capacidade de identificar os riscos e capitalizar as oportunidades torna-se cada vez mais importante à medida que o conceito de sustentabilidade se intensifica. As oportunidades mais significativas proporcionadas pela busca efetiva por negócios mais sustentáveis são:

— **reduzir custos** pela diminuição dos impactos ambientais e pelo bom tratamento aos funcionários;
— **aumentar receitas** pela melhoria do meio ambiente e pelo favorecimento da economia local;
— **reduzir riscos** por meio do envolvimento com as partes interessadas;
— **melhorar a imagem da empresa** pelo aumento da eficiência ambiental;
— **desenvolver o capital humano** com uma gestão de recursos humanos mais eficaz;
— **aumentar o acesso ao capital** por meio de melhores práticas de governança corporativa.

Na maioria das regiões, o ponto mais significativo é a ecoeficiência - redução de custos derivada de melhor gestão ambiental. Aparentemente, o sul da Ásia constitui uma exceção: as evidências mais significativas do *business casem* apontam para um aumento de receitas por meio do crescimento econômico local e do desenvolvimento comunitário, resultando em melhor reputação. Essas diferenças geográficas também variam de acordo com os diferentes contextos de negócios nessas áreas. O *business case* se desenvolve constantemente, refletindo as alterações em expectativas e relevância. As empresas precisam ser flexíveis na forma de abordar a sustentabilidade e acompanhar as mudanças. A sustentabilidade é ela própria um processo contínuo - desde as pequenas atividades de ganho rápido até a incorporação de estratégias que proporcionem vantagens competitivas a longo prazo. As empresas precisam definir seu foco.

Enquanto as evidências demonstram que os negócios podem se beneficiar ao procurar atingir os objetivos do desenvolvimento sustentável, outros atores também têm responsabilidades e podem ajudar a fortalecer o *business case*. Em mercados emergentes, os governos precisam demonstrar boas práticas de **governança**, determinação na regulamentação e uma adequada combinação de ferramentas políticas, incluindo instrumentos econômicos apropriados e padrões regulatórios.

O site www.sustainability.com fornece um banco de dados que permite pesquisar as informações sobre todos os estudos de caso do informe. E também dá indicações de instrumentos e recursos de sustentabilidade [1].

[B]

> Back-out Plan (Plano de recuperação/restabelecimento)

Um plano que especifica as medidas necessárias a recuperar para um estado conhecido de trabalho se a alteração ou liberação não eram previstas.

> Bad Data (Dados ruins)

Dados que não são precisos ou de alguma outra forma é enganoso. Não confiáveis.

> Balanced Scorecard (Balanço do escore)

Geralmente não se traduz. Mais conhecido nos termos de avaliação de desempenho. Metodologia Balanced Scorecard é uma técnica de análise destinada a traduzir uma declaração de missão da organização e estratégia de negócios globais em metas específicas e quantificáveis para monitorar o desempenho da organização em termos de alcançar esses objetivos. Desenvolvido por Robert Kaplan e David Norton, em 1992, a metodologia Balanced Scorecard é uma abordagem abrangente que analisa o desempenho geral de uma organização de quatro maneiras, com base em TheEA que é a avaliação de desempenho através de retornos financeiros, fornecendo apenas informação sobre quão bem esta a organização antes da avaliação , de modo que o desempenho futuro pode ser previsto e ações apropriadas tomadas para criar o futuro desejado.

> Baseline (Linha de base /patamar)

Considera-se como um estado instantâneo de um processo, serviço ou item congelados em um ponto no tempo para uma finalidade específica; um marcador contra à qual a mudança é medida/mensurada.

> Batch Processing (Processo em lote)

Processamento de dados que ocorre em conjuntos de dados, em horários programados. É uma abordagem diferente do processamento em tempo real, onde os dados são manipulados cada registro em um determinado tempo.

> Benchmarking (Troca/ Comparação/experiência)

Geralmente não se traduz. Conhecida como uma técnica em que uma empresa adota de medidas contra o seu melhor desempenho em determinadas classes/segmentos de seu ramo, determinando como as empresas atingiram os seus níveis de desempenho e utilizando desta forma as informações para melhorar seu próprio desempenho. Ligado comumente a assuntos que possam ser aferidas incluindo estratégias, operações e processos. Em suma, seria o uso de informações sobre outras organizações ou esforços detectados, usados para comparações e estabelecimento de normas e metas.

> Best Practice (Melhores práticas)

Uma atividade, processo ou abordagem que tem sido bem sucedido e provado ao longo do tempo.

> Best-Of-Breed (Melhor nicho de produção)

O melhor produto do seu tipo/classe. Organizações freqüentemente compram software de diferentes fornecedores para obter mais best-of-breed, oferecendo assim maior produtividade para cada área de sua aplicação.

> Beta (fase de testes/ inacabado)

Fase/etapa prematura de um programa de testes antes da liberação do produto oficial, ou colocado à disposição do público em geral em produção.

> BI (Inteligência do negócio)

Acrônimo de Business Intelligence. Um processo interativo para explorararação e análise estruturada, com domínio de informações específicas (muitas vezes armazenados em bases de dados) para identificar tendências ou padrões, assim, decorrentes de idéias e tirar conclusões mais certeiras. O processo de BI inclui comunicação dos resultados e execução de uma mudança, incluindo clientes, fornecedores, produtos, serviços e concorrentes.

> BIA (Análise de Impacto ao Negócio)
Nomenclatura para Business Impact Analysis

> Board Of Directors (Mesa diretora)
O grupo de indivíduos eleitos pelos acionistas de uma empresa para supervisionar a gestão da corporação.

> Board of Trustees (Conselho de aprovadores)
Um grupo de pessoas responsáveis pela supervisão de uma organização sem fins lucrativos.

> BPA (Automação dos Processos de Negócio)
Acrônimo de Business Process Automation

> BPM (Modelagem dos Processos de Negócio)
Acrônimo de Business Process Management or Business Process Modeling. Esta ligado à gestão de interações complexas entre pessoas, aplicações e tecnologias em uma empresa destinada a criar valor para o cliente, Representa um termo geral que descreve um conjunto de serviços e ferramentas que permitam a gestão do processo explícito, incluindo a análise do processo, definição, execução, acompanhamento e administração. Idealmente, o BPM deve incluir suporte para as interações humanas e nível de aplicativo. O mercado de trabalho tem sido uma fonte significativa de BPM, embora as formas de BPM estão agora a surgir a partir de muitas outras fontes, tais como aplicações de colaboração, os arquitetos de integração, integração de servidores Web, ferramentas de desenvolvimento, mecanismos de regras e ofertas de comércio eletrônico.

> BSI (Instituto de Padrões Britânicos)
Nomenclatura para British Standards Institution. Corpo responsável pela criação e manutenção dos padrões britânicos, conforme ISO.

> BRML (Linguagem de Marcação para Regras de Negócio)

Acrônimo para Business Rules Markup Language - Padrão emergente para gerenciar regras de negócio em um formato XML.

> BS 15000

Especificação do British Standards Institution e Código de Boas Práticas de IT Service Management(Gerenciamento de serviços de Tecnologia da Informação). BS 15000 é baseado em melhores práticas de ITIL e foi substituída pela ISO / IEC 20000.

> BS 7799

Especificação do British Standards Institution e Código de Boas Práticas de Gestão de Segurança da Informação. BS 7799 foi substituída pela ISO / IEC 17799 e ISO / IEC 27001.

> Business Architecture (Arquitetura de Negócio)

Representa um dos quatro tipos de arquiteturas corporativas. A arquitetura de negócios descreve as funções que uma empresa executa e as informações que ela utiliza, concentrando-se na integração e otimização de processos.

> Business Case (Caso de Negócio)

Uma forma profissional de justificar o investimento para aprovar um projeto estratégico que agrega valor ao negócio da empresa.

> BCM (Gerenciamento da Continuidade do Negócio)

Acrônimo para Business Continuity Management, que é o processo de negócios que define os objetivos, âmbito e requisitos para o IT Service Continuity Management. BCM é responsável por gerenciar os riscos que poderia influenciar o negócio. BCM garante que o negócio poderá operar a um nível mínimo acordado, reduzindo o risco para um nível aceitável junto à restauração do Planejamento de Processos de Negócio.

> Business Driver (Orientação de negócio)
Algo que influencia uma estratégia de negócio ou objetivo

> BIA (Análise de Impacto ao Negócio)
Acrônimo para Business Impact Analysis. Tem por finalidade apresentar todos os prováveis impactos de forma Qualitativa e Quantitativamente dos principais processos de negócios mapeados e entendidos na organização, no caso de interrupção dos mesmos.

> Business Intelligence Analyst / Administrator
Uma pessoa que é responsável pela avaliação e análise de dados usadas para tomar decisões de negócios, ou uma pessoa que suporta os sistemas de Business Intelligence e dados aderentes ao negócio.

> Business Intelligence Architect (Arquiteto de BI)
É o analista sênior de Business Intelligence tipicamente responsáveis pela concepção deste tipo de ambiente.

> Business Process (Processo de negócio)
Em um nível alto, representa um processo de propriedade que é realizado pela empresa.

> BPA (Automação do Processo de Negócio)
Acrônimo para Business Process Automation

> Business Process Modeling (Modelagem do Processo de Negócio)

Um processo que vincula a estratégia de negócios para desenvolvimento de sistemas de TI para assegurar o valor do negócio. Ele combina processo / workflow, funcional, organizacional e de dados / views recurso com métricas subjacentes, tais como custos, tempos de ciclo e responsabilidades para proporcionar uma base para a análise de cadeias de valor, baseado em atividades de custos, gargalos, caminhos críticos e ineficiências.

> BPR (Reengenharia do Processo de Negócio)
Acrônimo para Business Process Reengineering, que é a disciplina de atividades centradas em melhorar os processos de negócio para entregar resultados que vai conseguir retorno do cumprimento dos objetivos da empresa, em termos de prioridades e missão.

> Business Relationship Managers (Gerenciamento do Relacionamento de Negócios)
Contatos de grupos de TI empresariais responsáveis pelas necessidades e gestão das expectativas de negociar prioridades.

> Business Rule (Regras de Negócio)
São padrões que definem ou restringe algum aspecto do negócio. As regras de negócio podem começar como políticas comerciais, metas, estratégias e diretrizes, que são expressas como afirmações declarativas, às restrições ou ações que se baseiam. As regras de negócios são usadas para criar banco de dados, aplicação, ou a lógica de um processo. Elas são muitas vezes geridas com um Business Rules Engine (Engenharia de Regras de Negócio).

> Business Unit (Unidade de negócio)
Um segmento de uma organização que tem seus próprios planos, métricas, proveitos e custos.

Estudo sobre as Melhores Práticas de Governança Corporativa no Brasil e nos Estados Unidos

Neste estudo da RISK ADVISORY SERVICES, foi possível notar que os altos níveis de qualidade e de detalhes também passam a ser avaliados e exigidos pelo investidor no Brasil. Mesmo com algumas diferenças nas boas práticas de **governança** entre os dois países é possível notar cada vez mais uma tendência a similaridades. Muito dificilmente iremos ter uma SOX brasileira, pois diferentemente do mercado de capitais norte-americano, no qual as regras de governança são obrigatórias e aplicáveis a todas as empresas abertas, no Brasil as regras diferenciadas de governança da Bovespa são optativas. Segue, portanto, abaixo as avaliações constatadas:

- Um número significativo de empresas brasileiras, apesar de atender às fortes exigências de governança corporativa estabelecidas pelas bolsas norte americanas, não estão enquadradas nos Níveis Diferenciados de Governança Corporativa da Bovespa (Nível I, Nível II e Novo Mercado).

- Para auxiliar o Conselho de Administração na condução de suas atividades, a maioria das empresas brasileiras analisadas constituiu comitês de assessoramento, tais como comitês de remuneração, desenvolvimento executivo, ética e estratégia financeira; que tratam de assuntos específicos e encaminham fatos relevantes para tomada de decisão pelo Conselho.

- Houve um aumento significativo dos gastos das empresas com honorários de auditoria externa, possivelmente pelo primeiro ano com a certificação da SOX 404, num percentual médio de 67% de crescimento em relação ao ano anterior.

- Há um maior equilíbrio entre o número de empresas que optaram pela constituição de um Comitê de Auditoria distinto (15 empresas) e aquelas que optaram por atribuir as funções do Comitê de Auditoria ao Conselho Fiscal (17 empresas).

- Duas empresas divulgaram que não possuem um financial expert em seus comitês de auditoria, (Seção 407 da SOX).

- Em comparação ao ano anterior, houve uma diminuição no número de empresas que divulgaram a existência de deficiências nos seus controles internos (três empresas neste ano e cinco no ano anterior), embora este tenha sido o primeiro ano no qual as empresas brasileiras obrigatoriamente tiveram de se enquadrar às exigências da SOX 404. As deficiências nos controles internos reportadas estavam relacionadas a contas a receber de clientes, imobilizado, contas a pagar, provisões, depósitos judiciais, plano de pensão e preparação das demonstrações financeiras de acordo com as práticas contábeis norte americanas (US GAAP).

- Assim como no ano passado, as empresas dos setores de Recursos Naturais e Telecomunicações divulgaram o maior número de fatores de risco, que possam vir a afetar seus negócios e o valor de suas ações.

Atualmente, 33 empresas brasileiras possuem ações ou títulos negociados nas bolsas norte-americanas NYSE (Bolsa de Nova Iorque) e Nasdaq (National Association of Securities Dealers Automated Quotations system), e que exigem o cumprimento às regras de divulgação da Securities and Exchange Comission (SEC). São elas:

AmBev	CEMIG	Gerdau	Sadia	Telesp
Aracruz	COPEL	Gol	TAM	Tim
Bradesco	CPFL	Itaú	Tele N. L. Cel	Ultrapar
BR Telecom	CSN	NET	Tele N. Leste	Unibanco
Braskem	CVRD	Perdigão	Telebrás	Vivo
CBD	Embraer	Petrobras	Telemig	VCP
	Gafisa	Sabesp	Telepar	

[2]

[C]

> Capability Maturity Model –CMM (Modelo de Capacidade e Maturidade)

Também conhecido como o CMM e SW-CMM que foi desenvolvido no Software Engineering Institute (SEI) da Carnegie Mellon University como um modelo para avaliar a maturidade dos processos de software de uma organização e as principais práticas que são necessárias para aumentar a maturidade desses processos.O modelo define cinco níveis de maturidade e especifica que processos devem por em prática para atingir esses níveis, embora CMM não define os próprios processos.

> Capability Maturity Model Integration - CMMI (Integração do Modelo de Capacidade e Maturidade)

É uma abordagem de melhoria de processos que fornece às organizações os elementos essenciais de processos eficazes. Ele pode ser usado para orientar a melhoria do processo através de um projeto, um setor, ou uma organização inteira. Ajuda a integrar tradicionalmente de forma cadenciada as funções organizacionais, definindo metas e prioridades de processo de melhoria, fornecendo orientações para os processos de qualidade, e proporcionando ainda um ponto de referência para avaliar os processos atuais.

> Cardinality (Cardinalidade)

Em um contexto de modelagem de dados, a cardinalidade refere-se ao número de entidades em um relacionamento: Um-para-um, um-para-muitos, muitos-para-muitos.

➢ Categoria de Objetivos

Uma das quatro categorias de objetivos de uma organização – estratégicos, eficácia e eficiência operacionais, confiabilidade dosrelatórios e cumprimento de leis e regulamentos cabíveis. As categorias sobrepõem-s.e. Assim, um determinado objetivo poderá classificar-se em mais de uma categoria

> CDI (Integração de Dados do Cliente)

Acrônimo para Customer Data Integration. Uma abordagem da gestão dos vários registros que contenham informações sobre clientes de uma organização. Nesta abordagem, em vez de reunir todas as informações em um único repositório, utiliza-se uma combinação de tecnologias, processos e serviços que sejam utilizados para alinhar as informações em vários repositórios.

> CDM (Gerenciamento de Dados do Cliente)
Acrônimo para Customer Data Management

> CDQM (Gerenciamento da Continuidade e Qualidade dos Dados)
Acrônimo para Continuous Data Quality Management

> CEO (Chefe executivo)
Acrônimo para Chief Executive Officer É o diretor executivo ou CEO que é o oficial mais graduado da empresa, e muitas vezes é o presidente do conselho também.

> CFO (Chefe financeiro)
Acrônimo para Chief Financial Officer. É o executivo da corporação responsável pelo planejamento financeiro e manutenção de registros de uma sociedade/organização.

> Chairman of the Board (Presidente do Conselho)

Classificação de um diretor que se encontra no comando de uma corporação

> Change Control (Controle de mudanças)
Um processo formal usado para garantir que um produto, serviço ou componente de tecnologia só seja alterado em conformidade com regras acordadas. De maneira que muitas organizações formais de Controle de Mudança de diretoria analisam e aprovam propostas de modificação da

tecnologia de infra-estruturas para sistemas e aplicações. Programas de Governança de Dados, muitas vezes se esforçam para estender o âmbito do controle de mudanças para incluir melhorias, modificações ou supressões de modelos de dados e valores de referência.

> Change Management (Gerenciamento de mudanças)

Representa um termo mais amplo que engloba o Controle de Mudança, que é a disciplina relativa ao processo e os esforços destinados a garantir que os pedidos de mudança nos sistemas, e tais processos sejam benéficas.

> Chief Information Officer – CIO (Chefe de informação)

É o executivo responsável pela comunicação corporativa

> Chief Knowledge Officer – CKO (Chefe de repasse)

É o executivo, com responsabilidade geral pela gestão do conhecimento, incluindo a proteção e controle da propriedade intelectual, capacitação de desenvolvimento profissional com colaboração, orientação e aprendizagem organizacional distribuída / compartilhada.

> Chief Operating Officer – COO (Chefe de operação)

São executivos responsáveis pela gestão do dia-a-dia de uma empresa.

> CIF (Fator de Informação Corporativa)

Acrônimo para Corporate Information Factory. É uma arquitetura lógica cujo propósito é fornecer recursos de business intelligence e gestão empresarial orientada por dados fornecidos a partir de operações de negócio. O CIF tem provado ser uma arquitetura técnica estável e duradoura para qualquer tamanho de empresa que pretenda construir sistemas de decisão estratégica e tática de apoio.O CIF é composto por produtores e consumidores de dados de informação.

> Class Word (Classe de palavras)

Significa a parte da raiz do atributo / nome da coluna que classifica o tipo de informação representada pelo atributo ou coluna. Uma palavra define o conteúdo de classe e o papel deste atributo / coluna.

> Clean (limpeza) ou Cleanse (depurar)

Referente a limpeza, depuração de dados, ou seja, um data cleansing

> Cleansing Rule (Limpeza de regras)

Uma regra definida, de como os dados são limpos.

> Client (Cliente)

Cliente tem três significados que se aplicam em um ambiente de dados. No primeiro, um cliente é um cliente (em oposição à organização de um serviço ou produto). No segundo, um cliente é um computador que é usado diretamente por um usuário.(Exemplos seriam PCs, computadores portáteis, ou estações de trabalho.) Em terceiro lugar, o termo cliente, seria a parte de um cliente-servidor de aplicativo que o usuário interage diretamente com interfaces (por exemplo, um cliente de e-mail)

> Client/Server (Cliente/servidor)
Representa a divisão de uma aplicação em tarefas realizadas em diferentes computadores conectados em uma rede..

> Clockwise Dammit
Trata-se de uma decisão tomada quando o debate prolongado de todas as opções disponíveis são consideradas desnecessárias ou pesadas, e quando o tomador de decisão determinou que os resultados das decisões não são susceptíveis de representar um encargo excessivo a qualquer das partes interessadas.

Exemplo de uso: "Que conjunto de definições de dados que devemos carregar no primeiro repositório? Vamos invocar a regra de Clockwise Dammit e ir com Nome e campos de endereço."

> CM (Gerenciamento de Configuração e Conteúdo)
Abreviatura para configuration management. Representa a disciplina de processos e tecnologias utilizadas para gerenciar o conteúdo da Web, conteúdo de documentos e conteúdo focado também em e-commerce. Em um contexto geral é o processo de controlar e administrar os componentes de configurações. O gerenciamento de configuração inclui o congelamento (baselines) de configurações.Este termo, tem um significado especial no contexto do IT Service Management (ITSM).

> CMDB (Base de Gerenciamento de Configuração)
Acrônimo para Configuration Management Database.

> CMM (Modelo de Capacidade e Maturidade)
Acrônimo para Capability Maturity Model

> CMMI (Integração para o Modelo de Capacidade e Maturidade
Acrônimo para Capability Maturity Model Integration

> COBIT (Control OBjectives for Information and related Technology)
Entenda como um framework empregado para orientar uma empresa a um conjunto de normas para a gestão de processos de utilização racional da tecnologia da informação, envolvendo os sistemas de informações para Auditoria e Controle. Inclui recursos como um sumário executivo, um quadro

de informações com os objetivos de controle, diretrizes de auditoria, um conjunto de ferramentas de implementação, gestão de orientações e materiais de referência para manter-se um padrão.

> Coding (Codificação)

Representa segmentos, blocos, fragmentos de desenvolvimento para a lógica do aplicativo. Desenvolvimento de aplicações começa com a arquitetura (design do aplicativo em um nível macro) e depois conclui com codificação de aplicações (por escrito da funcionalidade do software).

> Completeness (Integralidade)

Uma característica dos dados. Isso significa o grau em que os valores estão presentes nos elementos de dados. O estado de se ter completo e inteiro; ter tudo o que é necessário.

➤ Componentes

Há oito componentes do gerenciamento de riscos corporativos: o ambiente
interno da organização, a fixação de objetivos, a identificação de eventos, a avaliação de riscos, a resposta a riscos, as atividades de controle, as informações e as comunicações e o Monitoramento

> Compliance (Condescendência)

Representa o conjunto de práticas e / ou grupo organizacional que trata de aderir a leis, regulamentos, normas e disposições contratuais. Além disso é estar aderente às exigências.Em programas de Governança, muitas vezes apóia-se muitos tipos de requisitos de conformidade: conformidade regulamentar, de cumprimento contratual, a adesão às normas internas, políticas e arquiteturas, e de conformidade com as regras para a gestão de dados, gerenciamento de projetos e outras disciplinas.

> Compliance Review

Um processo destinado a assegurar que as aprovações necessárias tenham sido obtidas e documentadas para assegurar que todos os requisitos de conformidade estejam em conformidade.

> Comprehensiveness (Abrangência)

Representa uma característica dos dados. Isso significa que todos os dados necessários estão incluídos.

> Conceptual Data Model (Modelo de Dados Conceitual)

É um modelo de dados que representa os dados necessários para executar o que consta dentro de uma empresa ou uma atividade empresarial e a relação para com estes. Um modelo conceitual de dados é independente de qualquer software ou estrutura de armazenamento de dados. As informações em um modelo conceitual são utilizados para criar um modelo lógico de dados, que por sua vez é usado para criar um modelo de dados físico.

> Confidentiality (Confidencialidade)

Diz respeito à proteção de informações sensíveis da divulgação não autorizada.

> Configuration Baseline (Linha de base de configuração)

São informações sobre a configuração de um produto ou sistema em um ponto específico no tempo, que captura tanto a estrutura e os detalhes do produto ou sistema, de modo que - se necessário - o produto ou o sistema pode ser reconstruído em uma data posterior.

> Configuration Item – CI (Item de Configuração)

No contexto do Gerenciamento de Configuração representa uma unidade do item de configuração que podem ser gerenciados individualmente e versionado.

> Configuration Management Database – CMDB (Base de dados para o Gerenciamento de configurações)

O termo Configuration Management Database (CMDB) decorre do ITIL, onde um CMDB representa a autorização das configurações dos componentes importantes do ambiente de TI. Ele armazena um tipo especial de metadados necessários para gerir as operações de TI e para ajudar uma organização a entender as relações entre esses componentes e complemento à sua configuração. O CMDB é um componente fundamental do processo de enquadramento do ITIL Configuration Management.

> Conflict Of Interest (Conflito de interesses)

Uma situação em que uma pessoa pode ter um propósito pessoal ou político profissional no resultado de uma ação que eles estão a realizar em uma situação oficial. Conflitos de interesses são geridos através de controles, especificamente a segregação de funções (também conhecido como separação de funções). Informações relacionadas com as decisões, por outro lado, comumente colocam os indivíduos em posições onde há conflitos de interesse que podem ser gerenciados através de uma governança. Por exemplo, um gerente de projeto que é responsável para concluir um projeto no tempo certo, experimenta um conflito de interesses que quando lhe pedem para explorar as conseqüências de um problema de dados, onde a melhor solução seria fazer o projeto final. A organização, antecipando-se a esta situação, pode ter uma política que prescreva a forma como o gestor deve agir (ou mesmo se um grupo imparcial seria chamado para tomar a decisão.

> Conformance (Conformidade)

Uma indicação positiva ou acordada em que um produto ou serviço satisfaz os requisitos de um caderno de encargos, contrato ou regulamento.Também empregado com os "objetivos" e relacionado com o cumprimento de leis e regulamentos aplicáveis

> Consistency (Consistência)

Representa uma característica dos dados, onde diferentes valores estejam em conformidade com um estilo semelhante ou padrão.

> Consolidate (Consolidação)

Relativo a Data Consolidation (dados consolidados)

> Constraint (Restrição)

Representa uma limitação imposta a um projeto ou de esforço.

> Context Diagram (Diagrama de context)

Um diagrama de fluxo de dados do âmbito de um sistema organizacional que mostra os limites do sistema, e as entidades externas que interagem com o sistema, e os principais fluxos de informação entre as entidades e o sistema.

> Contingency Plan (Plano de contingência)

Conforme utilizado no gerenciamento de riscos, um plano de contingência é um plano criado para fornecer as medidas a serem tomadas caso o risco se torna um problema.

➢ Controle de Aplicativos

Procedimentos programados em um aplicativo de software e procedimentos manuais associados que são destinados a assegurar sua completude e exatidão do processamento das informações. Os exemplos incluem verificações computadorizadas da edição de dados de entrada, verificações da seqüência numérica e dos procedimentos manuais para o acompanhamento dos itens relacionados nos relatórios de exceção.

> Control (Controle)

Uma forma de gerir um risco ou garantir que um objetivo seja alcançado. Atividades de controles podem ser preventivas, detectivas, ou corretivas e pode ser totalmente automatizada, processual, ou de tecnologia humana "assistida-iniciada". Podendo ser ou incluir ações, dispositivos, procedimentos, técnicas ou outras medidas.

> Controles Gerais

Políticas e procedimentos que contribuem para assegurar uma operação continuada e adequada dos sistemas de informática. Incluem os controles sobre o gerenciamento da tecnologia de informações, a infra-estrutura da tecnologia da informação, a administração da segurança e aquisição, o desenvolvimento e a manutenção de software. Os controles gerais dão suporte ao funcionamento dos controles de aplicações programados. Outros termos também empregados para descrever os controles gerais são controles gerais de computador ou controles de tecnologia da informação.

➤ Controle Interno

Processo efetuado pelo conselho, administração ou qualquer outro funcionário de uma empresa, desenhado para fornecer garantia razoável em relação à realização dos objetivos nas seguintes categorias:
-Eficácia e eficiência das operações.
-Confiabilidade dos relatórios financeiros.
-Conformidade com leis e regulamentos aplicáveis.

> Corporate Governance (Governança Corporativa)

É o conjunto de estruturas organizacionais, políticas, acordos (como cartas, estatutos, e do Estado) e as práticas que afetam a forma como a corporação é dirigida, administrada ou controlada.Retrata também o relacionamento entre os acionistas, diretores e gerentes de uma empresa, tal como definido pela Carta das empresas, estatuto social, política formal e Estado de Direito.

> Corrective Action (Ação corretiva)

Ações utilizadas para resolver uma situação, remover um erro, ou ajustar uma condição. Uma atividade ou outro tipo de solução que visa reduzir ou eliminar o problema identificado.

> Cost Benefit Analysis (Análise de custo benefício)

É um tipo de análise utilizado para auxiliar na determinação do valor e prioridade estratégica de um recurso / ferramenta em questão. É uma ferramenta para clarificar objetivos, modelagem de impactos financeiros e comunicar os resultados do projeto em toda a organização.

> Cost of Poor Quality – COPQ (Custo da má qualidade)

Os custos associados ao fornecimento de produtos de má qualidade ou serviços, se enquadram em quatro categorias: custos de falhas internas (custos associados com defeitos encontrados antes que o cliente recebe o produto ou serviço), os custos de falhas externas (custos associados com defeitos encontrados após o cliente receber o produto ou serviço), os custos de avaliação (custos incorridos para determinação do grau de conformidade com os requisitos de qualidade) e os custos de prevenção (custos incorridos para manter a falha e os custos de avaliação para um patamar mínimo).

> COTS (Software comercial pronto de terceiros)

Acrônimo para Commercial Off-The-Shelf. Termo descritivo para software que pode ser comprado de um fornecedor externo, em oposição ao que é desenvolvido dentro da empresa.

> Countermeasure (Contramedida)

Um sinônimo de controle. A contramedida é um termo que pode ser usado para se referir a qualquer tipo de controle, mas é mais usada quando se refere a uma medida tomada para compensar outra ação

---

> Crisis Management (Gerenciamento de crises)

Crisis Management é o processo responsável por gerenciar as implicações mais amplas de Continuidade de Negócios. A equipe de Gerenciamento de Crises é responsável por questões estratégicas como a gestão de relações com a mídia e a confiança dos acionistas a decidir quando invocar Planos de Continuidade de Negócios.

> Critical Success Factor – CSF (Fator Crítico de Sucesso)

Algo que deve acontecer se um programa, projeto, processo ou serviço está a suceder. Como alternativa, representa algo que influencia se outro esforço depende de algo para atingir os seus objetivos.

➢ Critérios

Um conjunto de normas em relação às quais o gerenciamento de riscos corporativos pode ser mensurado para a determinação de sua eficácia. Os oito componentes do gerenciamento de riscos corporativos, considerados no contexto das suas limitações inerentes, representam critérios para sua eficácia em relação a cada uma das quatro categorias de objetivos.

> CRM (Gerência de Relacionamento com o Cliente)

Acrônimo para Customer Relationship Management. Compõe-se como uma estratégia para aprender mais sobre as necessidades dos clientes e comportamentos desenvolvendo relacionamentos mais fortes com eles. Reúne informações sobre clientes, vendas, marketing eficácia, agilidade e tendências do mercado. CRM ajuda as empresas a utilizar a tecnologia e recursos humanos para obter insights sobre o comportamento e perfil dos clientes.

> Cross Functional (Função e tratamento)

Uma atividade, do sistema ou da equipe que contenha mais de uma área funcional dentro de uma organização e podem envolver balanceamento de objetivos conflitantes.

> Crow's Foot Notation (Notação de base)

Na engenharia de software, representa um Modelo Entidade-Relacionamento. É uma representação abstrata e conceitual de dados.

> CRUD

Esta sigla significa "Create, Read, Update, Delete. Ele é usado para descrever os direitos de acesso aos dados.

> C-Suite

Um termo usado para descrever uma organização de executivos (CEO, COO, CFO, CIO, etc) A C-Suite é uma decisão que deve ser feita no mais alto nível dentro de uma organização.

> Culture (Cultura)

Um conjunto de valores que é compartilhado por um grupo de pessoas, incluindo expectativas sobre como as pessoas devem se comportar, como crenças, práticas e hábitos.

> Currency (corrente)

Uma característica dos dados. Isso significa uma mudança, conforme à medida em que os dados são up-to-date – atualizados, alterando seu estado, transformando-se numa situação em que saiu de sua origem para outro formato.

A importância da governança corporativa na gestão dos fundos de pensão

A **Governança Corporativa** é um processo de gestão compartilhada que trouxe ao mercado mais transparência e segurança, pois, por meio de boas práticas de gestão pode-se acompanhar a política de administração interna e externa de uma empresa.

No Brasil, a Governança Corporativa teve seu início a partir de 1999, com a criação do Instituto Brasileiro de Governança Corporativa (IBGC) e do primeiro Código Brasileiro da Melhores Práticas de Governança Corporativa, e vem crescendo significativamente. Além disso, a reforma da lei das sociedades anônimas em 2007 promoveu avanço nos padrões de governança na legislação brasileira. As Entidades Fechadas de Previdência Complementar (EFPC) também não ficaram fora desse novo mundo.

Nos Fundos de Pensão, a Governança Corporativa foi oficialmente implantada com a publicação da Resolução CGPC nº 13 de 01º de outubro de 2004, quando a Secretaria de Previdência Complementar formalizou as boas práticas de governança. Nela, estão estabelecidos "princípios, regras e práticas de governança, gestão e controles internos a serem observados pelas entidades fechadas de previdência complementar". O principal objetivo dessa nova estrutura de administração é minimizar os riscos de gestão, através do estabelecimento de políticas e controles internos e o adequado monitoramento das decisões estratégicas. Além disso, a Governança Corporativa preza os processos de comunicação com as partes interessadas, como forma de garantir a transparência na condução dos fundos de pensão, cujo objetivo é "instituir e executar planos de benefícios de caráter previdencial".

Os quatro pilares das boas práticas de governança corporativa - Equidade, Prestação de Contas, Transparência e Sustentabilidade Corporativa - são assuntos obrigatórios e de grande atenção dos gestores de uma entidade, sejam eles do conselho ou da diretoria executiva, gerentes ou outros profissionais. Essa atenção é de uma importância cada vez maior, pois valoriza uma entidade. Essa valorização é um elemento central na decisão de participantes nos fundos de pensão, assim como é para os investidores no mercado de ações. A razão disso é que as empresas que praticam Governança Corporativa dispõem de maior segurança para os acionistas.

Para melhorar a gestão, surgiram várias práticas de controles internos, como Código de Ética, Balanced Scorecard (BSC), controle de riscos, auditorias internas, comitês de investimentos.

A prática de Governança Corporativa pelas empresas brasileiras e pelos Fundos de Pensões é relativamente recente. Embora os conselhos já existam desde o início dos Fundos de Pensão, atualmente, com as novas práticas de governança tornaram-nos muito mais cobrados, fiscalizados e responsabilizados pelas suas atuações. A gestão compartilhada, entre Conselhos, Diretores e Técnicos traz maior segurança aos participantes dos planos fechados de previdência complementar, que podem saber onde o seu dinheiro está sendo aplicado e como está sendo gerido.

O novo paradigma para gestores e lideres deste século é considerar os interesses de todos os que deles dependem, respeitando o ser humano e o meio ambiente, através do equilíbrio econômico, social e ambiental [3].

[D]

> Data Administration (Administração os dados)

Conjunto de práticas e / ou do grupo de organização que lida com gerenciamento de bancos de dados e seus conteúdos.

> Data Analysis (Análise de dados)

A study of information to establish trends or exceptions. The review of facts and application of statistical processes to describe, summarize, andentify data patterns and significance.

> Data Analyst / Modeler (Modelagem de dados)

Um profissional de TI responsável pela captura e modelagem de dados de definições, regras de negócio e requisitos de qualidade dos dados, os dados lógico e físico modelos.

> Data Anomaly (Anomalia/inconsistência de dados)

Um valor de dados que é diferente do que é normal ou usual

> Data Appliance (Aplicação de dados)

Uma combinação de hardware, software, SGBDs e armazenagem, resultando em alta performance tanto em velocidade quanto armazenamento.

> Data Archaeology (Arquivamento de dados)

Representa a recuperação das informações armazenadas em sistemas computacionais ultrapassadas/obsoletas.

> Data Architect (Arquiteto de dados)

Um analista/arquiteto de dados senior / modelador responsável pela integração de dados e arquitetura

> Data Architecture (Arquitetura de dados)

Representa o processo e programa voltado para integrar conjuntos de informações. Seno um dos quatro Architectures desta frente (como sendo Arquitetura da Aplicação, Arquitetura de Negócios e Arquitetura de Sistema

> Data Audit (Auditoria de dados)

Uma revisão dos conjuntos de informações de acordo com exigências regulatórias ou de conformidade, empregando diversas técnicas de Data Quality(qualidade de dados).

> Data Augmentation (Arguição de dados)

Para reforçar um conjunto de informações com informações adicionais da rede interna e / ou fontes de dados externos.

> Data Categorization (Categorização dos dados)

Referente a Data Classification(classificação dos dados). A categorização dos dados, representa a sequência de vários esquemas de apoio às empresas de tecnologia ou vários objetivos, para uma padronização das informações

> Data Cleansing

Também conhecido como depuração de dados. Limpeza de dados é o processo de detecção de "lixo" em um banco de dados (dados que estão incorretos, fora da data, redundantes, incompletos ou formatado incorretamente) que em seguida, deve-se remover e / ou corrigir os dados. Esta limpeza de dados é muitas vezes necessária para trazer consistência para diferentes conjuntos de dados que foram fundidos em bancos de dados separados. Ela envolve a consolidação de dados dentro de um banco de dados através da remoção de dados inconsistentes, removendo duplicatas e reindexação de dados existentes a fim de obter dados mais precisos e concisos.

Exemplo: Um tipo particular de dados de endereços de limpeza são os endereços de rua que são convertidos para um formato padrão, conforme estabelecido pelo banco de dados mestre. Por exemplo, abreviações padronizadas são utilizadas, erros são corrigidos e códigos postais são convertidos em determinado formato de dígito.

> Data Consolidation (Consolidação de dados)

A agregação e sumarização de dados heterogêneos (variedade/diversidade) de fontes.

> Data Conversion (Conversão de dados)

A manipulação de conjuntos de informações de um formato ou estrutura para outra. Conversão de dados é muitas vezes necessária na aquisição de conjuntos de informações de fontes externas.

> Data Cube (Enquadramento de dados)

Em um contexto de Data Warehouse, um enquadramento é relativa a uma matriz unidimensional de valores, comumente usado para descrever uma série temporal de dados em uma área comum de assunto. Por exemplo, as informações no contexto de vendas pode ser visto por diferentes dimensões: ao longo do tempo, por produtos, vendas pela localização, etc.

>Data Deluge (Extrapolação de dados)
Uma super abundância de informações, tornando difícil a identificação e clareza dos dados e seu real valor / significado.

> Data Dictionary (Dicionário de dados)
Um banco de dados sobre informações e estruturas de dados.Um catálogo de todos os elementos de dados, contendo seus nomes, estruturas e informações sobre a sua utilização, em benefício dos programadores e outros interessados em elementos de dados e sua utilização/função.

> Data Discovery (Descoberta de dados)
Referente a Data Mining (Mineração de dados)

> Data Element (Elemento de dados)
Representa a menor parte da informação que se considera significativa e utilizável. Um único fator lógico de dados, o bloco básico de construção de um modelo de dados lógico. É a unidade mais elementar de dados que podem ser identificados e descritos em um dicionário ou repositório.

> Data Element Domain (Dominio dos elementos de dados)
É a categoria de elementos de dados que têm significado de base semelhante, como "data"(dados).

> Data Encryption (Dados encriptados)
A Criptografia é o processo de transformar informação em um dado" ilegível" Apenas aqueles com a chave apropriada pode descriptografar e ler tal informação. A criptografia tem sido muito utilizado por militares e governos, sobretudo para facilitar a comunicação secreta, mas agora é também usado para proteger interesses comerciais privados.

> Data Enrichment (Agregação de dados)
Representa uma atividade suplementar ou de melhorias dos dados existentes.

> Data Flow Diagram - DFD (Diagrama de Fluxo de Dados)
Um documento que descreve o fluxo de informações entre as entidades externas, processa e armazena os dados.

> Data Forensics (Investigação de dados)

O processo de localizar e revisar documentos, arquivos e correspondências, incluindo e-mail. Podendo representar a identificação ou restauração dos dados armazenados, eliminados e os arquivos apagados (incluindo e-mail) de um computador, combinando-se aina com a certificação da autenticidade dos arquivos. Muitas vezes, realizadas no contexto de preparação para o litígio ou na análise de potencial de iniqüidade / auditoria.

> Data Governance (Governança de dados)

Representa os setores organizacionais em que se tem, regras, direitos de decisão e responsabilidades das pessoas e dos sistemas de informação delimitando, como eles realizam as informações relacionadas com os processos. A Governança de Dados determina como uma organização toma decisões - a questão "decidir como decidir."

> Data Governance Framework (Base da governança de dados)

Considerada como a estrutura lógica para organizar a forma como pensamos e assim comunicar os conceitos de Governança de Dados.

> Data Governance Methodology (Metodologia da Governança de dados)

Consiste na estrutura lógica fornecendo passo-a-passo para a realização de processos de Governança de Dados.

> Data Governance Office - DGO (Serviços de governança e dados)

Representa uma entidade organizacional centralizada responsável por facilitar e coordenar a governança de dados e / ou esforços de manejo para que uma organização possa melhor se organizar.

> Data Householding

É o processo de identificação de informações relacionadas a partir de múltiplas fontes podendo armazená-lo no repositório de dados de tal forma que todas as informações relacionadas sobre um determinado item é acessível ao olhar de qualquer informação sobre o recurso identificado.

Exemplo: Um exemplo típico é a acumulação/integração de pontos/bônus de diferentes cartões de um cliente. Uma empresa de cartões de crédito por exemplo, identificando que as informações de utilização do cliente podem ter vindo de diferentes fontes de crédito ou débito utilizados por este cliente/consumidor.

> Data Integration (Integração de dados)

O processo de conexão de dados da empresa, fragmentadas em vários sistemas diferentes, para criar uma visão precisa e consistente de informações essenciais.

> Data Integration Architect (Arquiteto de Integração de Dados)

Um desenvolvedor sênior de Data Integration é o responsável pela concepção de tecnologia ou de estratégias utilizadas para conectar, armazena os dados ou para replicar, extrair, transformar, os registros de carga de dado.

> Data Integrity (Dados íntegros)

Representa a precisão, consistência, exatidão e solidez de uma massa de informações

> Data Lineage (linha de dados)

É o histórico de como se move um campo de dados através de sistemas de TI e se transforma ao longo do caminho.

> Data Management (Gerenciamento de dados)

Termo mais amplo que engloba os esforços de manipulação e cuidados inerentes da Administração de Dados

> Data Manipulation (Manipulação de dados)

Sinònimo para transformação de dados.

> Data Mapping (Mapeamento de dados)

É o processo de atribuição de um elemento de origem dos dados para um elemento de dados alvo.(de onde esta se saindo até onde quer se chegar)

> Data Mart

Um repositório de dados recolhidos a partir de dados operacionais e de outras fontes. Os dados podem derivar de um amplo banco de dados corporativo ou repositório de dados ou de fontes mais específicas. A ênfase de um data mart está no encontro das expectativas e necessidades de um grupo específico de usuários, por isso pode ser projetado para ajudá-los na realização de análise e compreensão do conteúdo.

> Data Masking (Mascaramento de dados)

Qualquer processo de substituição de dados reais com dados falsos.

> Data Matching (Apropriação de dados)

Uma maneira de comparar os dados de modo que se seus semelhantes, mas estejam mais rapidamente alinhados aos registros. Este procedimento pode usar a "lógica fuzzy" para localizar duplicações de dados

Exemplo: A combinação de dados, tecnologias e processos pode reconhecer que 'Maria' e 'MariaA' e "Abadia' podem ser a mesma pessoa

> Data Merge (Mistura de dados)

Representa a combinação de conjuntos de dados em um conjunto consolidado. Muitas vezes, parte de um processo de inserção/atualização dos dados.

> Data Migration (Migração de dados)

É o processo de transferência do repositório de dados para outro

> Data Mining (Mineração de dados)

Representa a análise dos dados para as relações anteriormente não descobertas. DM é também conhecido como Knowledge Discovery. É o processo robusto de busca automática de grandes volumes de dados e padrões que podem ser utilizados para prever o comportamento futuro.

> Data Model (Modelo de dados)

Um método de visualizar as necessidades informacionais de um sistema. Um modelo de dados tipicamente toma a forma de uma ERD (Entidade-Relacionamento). O conceito de Data Model é completamente desprovida da base de dados de informações em nível, enquanto um Modelo de Dados Lógico encontra-se em características genéricas (tais como índices e chaves estrangeiras), sem acrescentar nada específico para um SGBD único. O modelo físico de dados pode traduzir informações de um modelo de dados lógico para os projetos que são específicos para um determinado SGBD (Sistema Gestor de Base de Dados).

> Data Model Administrator (Administrador do modelo de dados)

Profissionais responsáveis de TI por dados de controle de versão e modelo de controle de mudanças.

> Data Modeling (Modelagem de dados)

Representa o processo e organizacional do grupo que realiza a análise de objetos de dados usados em um negócio ou em outro contexto, vinculado às relações entre esses objetos de dados criando-se modelos que descrevem essas relações.

> Data Monitoring (Monitoramento de dados)

É o processo de verificação e controle de integridade dos dados ao longo do tempo

> Data Owner (Proprietário dos dados)

Um perfil(papel) ou grupo que tem poder para tomar decisões sobre como uma entidade de dados pode ser estruturada, manipulada ou usada.

> Data Privacy (Privacidade dos dados)

A garantia de que uma pessoa ou uma gama de informações pessoais e privadas da organização não seja divulgada de forma inadequada. Garantir a privacidade de dados requer acesso de administração, e segurança, entre outros esforços de proteção de dados.

> Data Profiling (Perfil de dados)

O processo de análise de dados em um banco de dados existente onde encontra-se estatísticas e informações sobre os dados. As informações coletadas podem ser usadas para coletar métricas de qualidade de dados, avaliar se os metadados descrevem com precisão os valores reais no banco de dados de origem, determinando se os dados existentes podem ser reutilizados, ou entender os riscos e desafios na utilização destes dados

> Data Propagation (Propagação de dados)

Trata-se da distribuição dos dados de uma fonte para um ou mais armazenamentos de dados de destino. Mais genericamente, o termo se refere a um método de mover dados de um local (uma fonte) para outro local (um alvo).

> Data Purging (Purgar dados)

Significa a remoção de registros de dados. Ou também acessos que estão sujeitos a registros de regras de retenção.

> Data Quality (Qualidade de dados)

São práticas de correção dos dados para verificação e padronização.

> Data Quality Analyst (Análise da qualidade dos dados)

Responsáveis de TI que são encarregados para determinar a adequação correta do uso dos dados

> Data Replication (Replicação dos dados)

O processo de copiar uma parte de um banco de dados de um ambiente para outro e manter as cópias posteriores dos dados em sincronia com a fonte original.

> Data Scrubbing (Normalização de dados)

Representa o processo de limpeza de dados em um banco de dados inconsistente, incompletos ou duplicados.

> Data Security Administrator (Administrador de segurança dos dados)

A pessoa responsável para trabalhar com ferramentas e tecnologias que controlam o acesso aos dados.

> Data Stakeholders (Envolvidos pelos dados)

São aqueles que usam, afetam ou são afetados pelos dados. Dados estes que produzem informações de interesse para os que coletam ou fornecem tais informações, podendo ainda ser aqueles que conseguem, transformar ou armazenar estes dados, ou definir políticas, normas, arquiteturas ou outros requisitos e restrições.

> Data Standardization (Padronização de dados)

Representa a transformação de dados em formatos compatíveis.

> Data Steward (Sustentação de dados)

Uma pessoa com os dados relacionados com responsabilidades definidas por um programa de governança de dados ou pelo manejo dos dados. Muitas vezes, administradores de dados dividem-se em vários tipos, sendo administradores de dados, definidores de dados, administradores de dados de uso, dentre outros que sustentam esta existência dos dados

> Data Storage (Espaçamento de dados)

Representa a exploração de dados em um banco de dados ou em outras estruturas de dados que serão armazenados.

> Data Store (Armazenamento de dados)

Um armazenamento de dados é um termo geral para um lugar onde será colocada as informações.Bases de dados, arquivos e planilhas eletrônicas são exemplos de armazenamentos de dados.

> Data Survivorship (Sobrevida dos dados)

São regras que descrevem os elementos da fonte de dados que substitui o outro, em casos de duplicatas.

> Data Synchronization (Sincronização dos dados)

Maneira ao qual os processos ou tecnologias são utilizadas para permitir que aplicações possam atualizar os dados em dois sistemas de modo que os conjuntos de dados estejam uniformes e homogêneos tanto de um lado quanto do outro.

> Data Timeliness (Atualização dos dados)

Relativo a mudança de estado dos dados que foram atualizados.

> Data Transformation (Transformação dos dados)

O processo de redefinição de dados com base em algumas regras pré-definidas, fórmulas específicas ou técnicas utilizadas para uma modificação cadenciada dos dados.

> Data Type (Tipo de dados)
O tipo de dados que um item de dados representa. Alguns exemplos seriam:
* Date - Normalmente, as datas do calendário gregoriano
* Time - Normalmente, o tempo no relógio de 24h
* Money - Moeda
* Boolean – Valores lógicos (verdadeiro ou falso).
* Characters – Texto alfanumérico
* Number - Número com precisão decimal e precisão decimal completo
* Integer - Número sem qualquer precisão decimal
* Short Integer - Mesmos valores Integer, mas menores casas decimais
* Long Integer - Mesmos valores Integer, mas com maiores casas decimais
* Byte - Normalmente, um pequeno número (menos de 256 caracteres
* Float Número com precisão decimal parcial
* Bitmap   Normalmente uma imagem armazenada como uma representação de uma imagem- que significa mapa de bits em inglês; são imagens que contém a descrição de cada pixel.

> Data Validation (Validação dos dados)
Como um conceito amplo, Validação de dados refere-se à confirmação da confiabilidade dos dados através de um processo de verificação. Como um conjunto de processos de validação de dados se refere a uma revisão sistemática de um conjunto de dados em confirmação ou valores suspeitos. Mais especificamente, a validação dos dados refere-se ao processo sistemático de revisão independente de um corpo de dados analíticos em relação aos critérios estabelecidos para garantir que os dados são aceitáveis para a sua utilização. Dentro da bases de dados, validação de dados se refere a procedimentos construídos em bases de dados para definir e verificar a entrada aceitável para os campos e para aceitar ou rejeitar os dados ali originados.

> Data Vaulting (Proteção de dados off-site)
Uma abordagem para o armazenamento de dados e backup, às vezes chamado RSS (Remote Storage Service), onde os dados são transferidos através da Internet para um local de armazenamento remoto e seguro

> Data Verification (Verificação dos dados)

Avaliação dos dados para determinar se os dados obtidos nas operações de ambiente são do tipo de acessos de direito, qualidade e quantidade para apoiar o seu uso pretendido.

> Data Visualization (Visualização dos dados)

São técnicas (muitas vezes utilizadas em ferramentas de Business Intelligence) para transformar dados em informações compreendíveis, utilizando a alta capacidade do cérebro humano para reconhecer padrões visuais e tendências.

> Data Warehouse (Depósito de dados)

Um banco de dados projetado para suportar a tomada de decisões em uma organização. Dados da produção referentes às bases de dados são copiados para o repositório de dados para que as consultas possam ser realizadas sem prejudicar o desempenho ou a estabilidade dos sistemas de produção.

> Data Warehouse Architect (Arquiteto do depósito de dados)

Pessoa responsável pela modelagem e design de bancos de dados de data warehouse e dos processos e sistemas de dados que alimentam as bases.

> Data Webhouse (Depósito de dados web)

Repositório de dados contendo dados estatísticos via web

> Database Administrator (Administrador de banco de dados)

Profissional de TI responsável por desenvolver modelos físicos de dados e de manutenção física, com dados ativos e estruturados.

> Database Management System – DBMS ou SGBD (Sistema de Gerenciamento de Banco de Dados)

Um sistema de software que facilita a criação e manutenção de um banco de dados ou bases de dados, e a execução de programas de computador usando o banco de dados ou bases de dados.

> Decentralized Database (Banco de dados descentralizado)

Um banco de dados centralizado, que foi dividido de acordo com uma empresa ou usuário final definido por assunto; ou que tenha ocorrido alguma mudança para desmembramento de base.

> Decision Rights (Direitos de acesso)

Determinação por sistema de quem toma uma decisão e quando, como e em que circunstâncias. Decisões de acesso uma pessoa é uma função-chave de Governança de Dados

> Decision Support System (Sistema de Suporte à Decisão)

Um termo não mais amplamente utilizado, que originalmente descreve sistema de computador projetado para coletar, armazenar, processar e facilitar o acesso à informação para apoiar a tomada de decisão gerencial.

> Deduplication

Um método de compactação de dados, armazenando apenas as alterações aos dados originais.

Exemplo: Quando um documento é criado, ele é armazenado como um arquivo regular, completo. Quando são feitas alterações, os locais de duplicação armazenam apenas os dados que tenham sido modificados em um arquivo posterior com índices de identificação para com o original.

➢ Deficiência

Condição no gerenciamento de riscos corporativos que merece atenção e que

pode representar uma desvantagem percebida, em potencial ou real, ou uma oportunidade de fortalecer o processo de gerenciamento de riscos corporativos, de modo a possibilitar uma maior probabilidade que os objetivos da organização serão alcançados.

> De-idenifcation (Re-identificação)

Representa o processo para remover todos os campos personalizados de um registro. No caso da informação médica, (HIPAA) exige tanto uma re-identificação de ambos os lados conectados remotamente para identificar tais informações. A remoção de informações pode ocorrer através de vários meios, incluindo a filtragem e determinadas técnicas.

> Deliverable (Resultado mensurável)

Algo que deve ser fornecido para cumprir um compromisso em um Service Level Agreement (SLA) ou um contrato. Deliverable também é usado de uma maneira mais informal para representar uma saída planejada de qualquer processo.

> Deming Cycle (Ciclo sequencial)

Sinônimo de Plan-Do-Check-Act. Uma abordagem às tarefas que se baseia na qualidade.

> Deployment (Desenvolvimento, execução)

Representa a introdução para execução de um programa, sistema ou aplicativo.

> Derived Data (Dados derivados)

Dados que são o resultado de um passo computacional aplicados a outros dados.

> Development Environment (Ambiente de desenvolvimento)

Um ambiente usado para criar ou modificar os serviços de TI e suas aplicações. Ambientes de desenvolvimento não são tipicamente sujeitos ao mesmo grau de controle de ambientes de teste ou ambientes de produção.

> DFD (Diagrama de Fluxo de Dados)

Acrônimo para Data Flow Diagram

> DGO (Serviços de Governança de Dados)

Acrônimo para Data Governance Office

> Digital Signature (Assinatura digital)

Considera-se como a função essencial de uma infra-estrutura de chave pública (PKI). A assinatura digital pode ser um provedor de serviços de criptografia porque ele é criado com a parte da chave privada (que só o titular deve ter a chave de acesso) seja de um parceiro ou público com chave particular. Qualquer um com a chave pública do remetente amplamente divulgado pode descriptografar a assinatura e, com isso, receber a garantia de que os dados devem ter vindo do remetente (não-repúdio do remetente) e que os dados não foram alterados (integridade). Os dados que são criptografados com a chave privada não está protegendo toda a mensagem, mas uma parte dela, bloco de comprimento fixo de dados, que é calculado a partir da mensagem usando um recurso chamado hash de criptografia.

> Dimension (Dimensionamento)

Um eixo em uma matriz. Na programação, uma declaração que define a dimensão da matriz e configura o número de elementos dentro das dimensões

Por outro lado pode representar em um data warehouse, um lado do modelo tridimensional criado para o departamento ou organização.

Exemplo: A dimensão do produto seria uma lista de produtos da organização, a dimensão de tempo seria o ano civil representado e assim por diante.

> Dirty Data (Dados não confiáveis)

Dados inconsistentes, faltando, incompletos ou com erros.

> Distributed Data Management (Gerenciamento da distribuição dos dados)

Uma forma de computação cliente / servidor em que uma parte dos dados do aplicativo é executado em dois ou mais computadores

> Document Imaging (Imagem do documento)

A conversão de documentos em papel para documentos eletrônicos. Como uma disciplina, isso envolve a seleção da tecnologia (scanners e dispositivos similares), e estratégias para o armazenamento e gerenciamento de imagens eletrônicas. Uma disciplina que trata muito bem isso é o GED – Gerenciamento Eletrônico de Documentos.

> Document Management (Gerenciamento de documentos)

Uma função em que as aplicações de middleware executam tarefas de gerenciamento de dados personalizados para típicos documentos não estruturados (incluindo documentos compostos). Também pode ser usado para gerenciar o fluxo de documentos através de seus ciclos de vida.

> Document Type Definition – DTD (Definição do tipo de document)

Em XML, um arquivo de texto que especifica o significado de cada tag

> Domain (Dominio)

Representa a categoria de elementos relacionados com os dados em um modelo de dados. Também conhecido como uma área de assunto, onde Arquitetos de TI falam sobre o trabalho no cliente "Domínio" ou o "Produto do Domínio.

> DQ (Qualidade de dados)

Acrônimo para Data Quality

> DQA (Auditoria da qualidade dos dados)

Acrônimo para Data Quality Auditing

> DQM (Gerenciamento da qualidade dos dados)

Acrônimo para Data Quality Management

> DQMS (Sistema para Gerenciamento da qualidade dos dados)

Acrônimo para Data Quality Management System

> DQO (Objetivos da qualidade de dados)

Acrônimo para Data Quality Objectives

> Drill Across (Análise dos dados através de dimensões)

Representa o ato de solicitação de dados de duas ou mais tabelas, que de fato estejam em uma cadeia de valor em um único relatório.

> Drill Down

Ato de adicionar um cabeçalho de linha ou substituir um cabeçalho de linha em um relatório para quebrar as linhas do conjunto de resposta em maior detalhe.

> Drill Up

Também conhecido como rolamento de dados.

> Driving Forces

Forças que tendem a mudar a situação de forma conveniente.

> DSS (Sistema de Suporte à Decisão)

Acrônimo para Decision Support System

> DSSS (Direct Sequence Spread Spectrum)

DSSS multiplica os bits de dados por um pseudo padrão muito rápido de bits aleatórios (seqüência PN), que "espalha" os dados em um grande fluxo codificado levando a largura de faixa do canal. DSSS é a base de celulares CDMA e 802,11 Wi-Fi transmissão sem fio.

Exemplo: Um técnico de tecnologia DSSS, consultando CDMA.

> Due Diligence

Realizando uma quantidade adequada de pesquisa e análise para descobrir problemas de interesse

A Governança Corporativa e seus sistemas de valores

A governança corporativa diz respeito a padrões de comportamento que conduzem à eficiência, ao crescimento e ao tratamento dado aos acionistas e a outras partes interessadas, tendo por base princípios definidos pela ética aplicada à gestão de negócios. Neste contexto, os mecanismos de governança visam diminuir os efeitos de assimetria informacional, atribuindo importância idêntica aos interesses de todas as partes da organização, minimizando os problemas de agência.

A adoção de boas práticas de governança corporativa tem como objetivos aumentar o valor das empresas, facilitar seu acesso ao capital e contribuir para a sua perenidade. A relação de ganhos inclui ainda a harmonização dos interesses dos acionistas com os de outras partes interessadas, o aumento de segurança quanto aos direitos dos proprietários, o atendimento de exigências para alianças estratégicas – em especial as que envolvem agentes internacionais -, e a melhoria institucional da companhia.

Resumem os elementos-chave do processo de governança, considerando a subordinação do sistema definido de valores que rege os mecanismos da gestão das empresas e as relações entre as partes interessadas nos seus resultados. Abaixo, na figura os elementos-chave do processo de gorvernança corporativa:

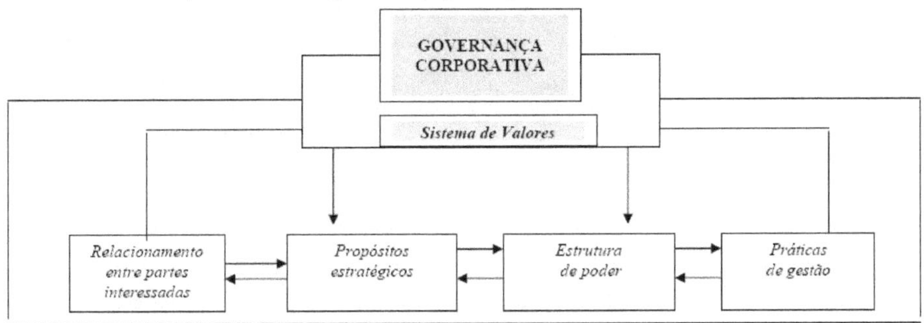

Os quatro valores que dão sustentação à boa governança são:

• *Fairness:* senso de justiça, eqüidade no tratamento dos acionistas. Respeito aos direitos dos minoritários, por participação equânime com a dos majoritários, tanto no aumento da riqueza corporativa, quanto nos resultados das operações, quanto ainda na presença ativa em assembléias gerais.

• *Disclosure:* transparência das informações, especialmente daquelas de alta relevância, que impactam os negócios e que envolvem riscos.

• *Accountability:* prestação responsável de contas, fundamentada nas melhores práticas contábeis e de auditoria.

• *Compliance:* Conformidade no cumprimento de normas reguladoras, expressas nos estatutos sociais, nos regimentos internos e nas instituições legais do país

Com relação ao relacionamento entre as partes interessadas, é através das boas práticas de governança que se pode minimizar os conflitos de agência. Estes ocorrem quando o agente principal (no caso, o acionista) delega ao agente executor (no caso, a direção executiva da corporação) as decisões que maximizarão os resultados das operações da empresa, em benefício do acionista; mas, comportamentos oportunistas do executor podem conflitar com o objetivo do agente principal. E os conflitos se ampliam e se tornam mais complexos quando, além de proprietários e gestores, outras partes interessadas, internas e externas, são alcançadas pelos propósitos corporativos.

O processo da boa governança pode ser benéfico para todas as partes interessadas, desde que bem implantado. Acionistas podem ter um maior retorno sobre o capital investido; os conselheiros podem desenvolver um trabalho de qualidade por usufruírem mais independência e autonomia para a tomada de decisões estratégicas; os executivos tendem a ser mais eficientes na tarefa de fazer as empresas crescerem e se tornarem lucrativas, auxiliados pela transparência e pelo menor custo de captação de recursos proporcionados pela gestão corporativa [4].

[E]

> **EA (Arquitetura empresarial)**
Acrônimo para Enterprise Architecture

> **EAI (Integração de aplicações empresariais)**
Acrônimo para Enterprise Application Integration

> **EDI (Alteração de dados eletrônicos)**
Acrônimo para Electronic Data Interchange - "Ligação eletrónica de dados de clientes a fornecedores e dos fornecedores aos clientes.

> **EDM (Gerenciamento de dados empreriais)**
Acrônimo para Enterprise Data Management.

> **EDQ (Qualidade de dados empresariais)**
Acrônimo para Enterprise Data Quality.

> **Effectiveness (Eficácia)**
Tido como informações que são relevantes e pertinentes ao processo de negócio, bem como a ser entregue em uma maneira oportuna e correta, consistente e utilizável.

> **Efficiency (Eficiência)**
Diz respeito à prestação de informações por meio do padrão ideal (mais produtivo e econômico) mediante a utilização de recursos.

> **EIM (Gerenciamento de Informações gerenciais)**
Acrônimo para Enterprise Information Management.

> **EIS (Sistema de Informação Executivo)**
Acrônimo para Executive Information System.

> **Electronic Signature (Assinatura eletrônica)**
Representa a utilização de uma rastreabilidade do e-mail transportado com recursos biométricos aplicados a uma mensagem

> **EMM (Gerenciamento gerencial de marketing)**
Acrônimo para Enterprise Marketing Management

> **Empirical (Empírico)**
Algo quantificável . Evidências empíricas que são freqüentemente contrastadas com provas subjetivas.

> **Encryption (Encriptação)**

Processo de codificação de uma sistemática de fluxo de dados antes da transmissão de informações, de modo que uma pessoa não autorizada não pode decifrá-la.

> **Enterprise Application Integration (Integração de aplicações gerenciais)**

Sistema de software que é usado por várias unidades de negócio ou equipes funcionais. Os dados em aplicativos corporativos devem ser padronizados na medida da necessidade, de modo a permitir futuras integrações.

> **EAI (Enterprise Application Integration)**

Categoria emergente de produtos que fornecem, mensagens de transformação de dados, fluxo de processo e outros recursos para simplificar a integração do planejamento de recursos empresariais, legados e outras aplicações.

> **Enterprise Architecture (Arquitetura de Gerenciamento)**

Enterprise Architecture (EA) é uma estrutura abrangente utilizada para gerenciar e alinhar os processos de uma organização que trabalha com tecnologia da informação (redes de área de TI) software e hardware, seja local ou de forma ampla com as pessoas, operações e projetos envolvidos estrategicamente dentro da organização. Enterprise Archiecture é freqüentemente subdividida em quatro domínios de arquitetura: Application Arquitetura de Aplicação, Arquitetura de Negócios, Arquitetura de Dados, e Arquitetura de Sistemas. Outros tipos de arquiteturas (segurança, compliance, controles, etc) podem ser considerados como parte da EA, ou eles podem ser alinhados com a EA. Em algumas organizações, a EA é focada principalmente em Arquiteturas de Negócio e Gerenciamento dos processos de negócio.

> **Enterprise Data (Dados gerenciais)**

Dados que são definidos e estruturados para uso em um ambiente corporativo. Isto está em contraste com o "local" ou "patamar" de dados, que tem um significado específico para o grupo que irá usá-lo.

> **Enterprise Data Architect (Arquitetura de dados gerenciais)**

Arquiteto de dados sênior responsável pelo desenvolvimento, manutenção, além de alavancar o modelo de dados corporativos.

> **Enterprise Data Management (Gerenciamento dos dados)**

Uma abordagem holística para a gestão de todos os dados de uma organização. Na área de negócios representa a gestão dos dados envolvidos em operações financeiras.

> Enterprise Modeling (Modelagem empresarial)

Desenvolvimento de uma visão comum acordo e entendimento dos elementos de dados e seus relacionamentos na empresa. Isto envolve todas as habilidades de qualquer outra abordagem para modelagem de dados, mas exige uma perspectiva mais ampla e uma compreensão externa, que abrange os requisitos de dados para a Empresa Este é um componente essencial do desenvolvimento de uma arquitetura de dados, que é um dos quatro pilares da Arquitetura (juntamente com a Arquitetura de Negócios, Arquitetura de sistema, arquitetura de aplicações.

➤ Enterprise Portal (Portal de negócios)

Solução tecnológica para uma necessidade da empresa para obter informações. Um portal geralmente usa um Content Management System e outras tecnologias para exibir informações em páginas web, acessível através de tecnologias de navegador padrão.Ele coleta e consolida objetos de Business Intelligence (relatórios, documentos, planilhas e demais dados, etc) gerados em qualquer parte da empresa por qualquer aplicação facilmente acessíveis, mediante autorização de segurança.

> Enterprise Process Architect (Arquiteto de processos de negócio)

Analista de processos de negócios sênior responsável pela qualidade global do modelo de processo empresarial e modelo de negócio da empresa

---

> Entity (Entidade)

Uma pessoa, lugar, coisa, conceito ou evento que a organização quer para armazenar informações sobre algo. Entidades são os substantivos que aparecem nas transações.

Exemplos: Clientes, localização, produtos, projetos de Documento. Onde estas Entidades têm relacionamentos entre si, de maneira que Informações sobre as entidades são armazenados em atributos

---

> **Entity Relationship Diagram (Diagrama de Entidade e Relacionamento)**

Diagrama que represente as entidades, a relação entre eles, e certas propriedades das relações, especialmente as suas cardinalidades máxima e mínima.

> **Entry Criteria (Critério de entidade)**

Condições pré-definidas utilizadas para determinar o inicio de um processo.

> **Evento**

Incidente ou ocorrência, a partir de fontes internas ou externas a uma entidade, capaz de afetar a realização dos objetivos.

> **Environment (ambiente)**

Subconjunto de Infra-estrutura de TI que é usada para um propósito particular. No contexto das tecnologias de informação, o ambiente refere-se às condições do ambiente de dados, como bancos de dados, formatos de dados, servidores de rede e outros componentes que impacta-se em dados.

Exemplo: Ambiente de desenvolvimento, Ambiente de Teste etc. É possível para vários ambientes compartilhar um item de configuração, por exemplo, teste e Ambientes integrados que podem usar diferentes partições em um único servidor de grande porte.

> **ER (Entidade de Relacionamento)**

Acrônimo para Entity Relationship

> **ERD (Diagrama de Entidade e Relacionamento)**

Acrônimo para Entity Relationship Diagram

> **ERP (Planejamento de recursos gerenciais)**

Acrônimo para Enterprise Resource Planning

> **eSecurity**

Termo curto de Segurança Eletrônica, que se refere à proteção de informações eletrônicas

> **ETL (Carga de extração e transformação)**

Acrônimo para Extract Transform Load. É um processo utilizado no armazenamento de dados, que envolve a extração destes dados em fontes externas que em seguida é transformado para atender às necessidades de negócio e enfim carregado para uma base

> ETT (Trasnporte de extração e transformação)
Acrônimo para Extraction Transformation Transport.

> Executive Information System (Sistema de informação executiva)
Executive Information System (EIS) é uma forma especializada de um Sistema de Suporte à Decisão (SAD). É um tipo de sistema de gestão da informação destinada a facilitar e apoiar a informação e a tomada de decisões necessárias pela alta direção através de indicadores gráficos.

> Exit Criteria (Critério de finalização)
Condição pré-definida e utilizadas para verificar se o processo foi concluído e seus resultados são de qualidade aceitável

---

> Extendibility (Extensibilidade)
Sinônimo de extensibilidade. Capacidade de facilmente adicionar novas funcionalidades para os serviços existentes, sem reescrever principais softwares ou sem redefinir a arquitetura básica.

A política de governança SOA com Segurança

As políticas, não são as "boas novas" a serem levadas a uma organização. As políticas são criadas de um modo ou de outro durante toda uma rotina e realidade da empresa para estabelecer "melhores práticas" ou padrões, sejam de exigências ambientais ou reguladoras de um comitê, para aumentar a eficiência e ajudar os processos de negócio que são de certa forma "dinamizados". Neste artigo, tentarei explicar em como buscar a automatização destas políticas para governança SOA (Arquitetura Orientada a Serviços). Igualmente discutirá como executar esta aplicação sem prejudicar a produtividade do negócio.

Primeiro: Governança, definitivamente faz parte do negócio

De modo a introduzir processos de negócio inovadores e ao mesmo tempo conseguir vantagens competitivas, atualmente os mercados competitivos exigem cada vez mais que as companhias entreguem aplicações empresariais de forma mais rápida e sobretudo a baixos custos. A maioria das corporações possui silos heterogêneos de aplicações e plataformas, com um reuso baixo de suas funcionalidades e praticamente nenhuma integração. As companhias são freqüentemente incapazes de integrar eficazmente seus sistemas, aplicações, e processos de negócio para confrontar este panorama a um novo concorrente. Por exemplo, os custos da integração de aplicação da empresa já são elevados. A integração destas aplicações na empresa exige profissionais altamente capacitados, consumindo quantidades crescentes de tempo e desenvolvimento valioso, conduzindo freqüentemente a um jogo único de conexões não reutilizáveis e proprietárias. Acople tudo isto com a demanda de crescimento para fornecer mais visibilidade e transparência da informação através das unidades de negócios e os riscos a seus sócios com a complexidade de aumentar drasticamente os custos associados neste contexto.

A maioria das empresas estão esforçando-se para assegurar o sucesso eficiente das principais iniciativas de negócio. E hoje mais do que nunca, reforçar as políticas de governança, para evitar o engessamento dos processos antes que ocorram e reduzir a ocorrência destes eventos é algo crítico que diminuirá o re-trabalho, o que impactaria nas entregas finais. Além também, de facilitar a propagação de "melhores práticas" que ajudem a divulgar o conhecimento e reduzir mais os riscos que poderiam expor iniciativas à alguma falha, farão a diferença.

Portanto, as organizações querem ter a flexibilidade de reforçar suas políticas ao permitir que seus específicos departamentos utilizem normas adicionais que endereçam suas necessidades sem uma burocracia autoritativa mas sim, com uma harmonia singular à toda matriz funcional da organização.

Mas porque Governança SOA ?

A necessidade de governança na empresa esta voltada aos negócios. Direcionando-se para iniciativas integradas deste negócio (como externalização, colaboração estratégica, valor e cadeia de aprovisionamento do fornecedor,... etc.) dentre outras iniciativas de organização técnica (como XML, WebServices, integração de aplicações da empresa, SOA... etc.), onde as companhias querem assegurar a continuidade das operações comerciais, controlando a exposição da segurança, alinhando a execução da tecnologia com as exigências do negócio, assim como responsabilidades e dependências, que conseqüentemente reduzirão o custo das operações. O impacto de projetos sem governança

SOA podem delinear descompassos significativos na integração às operações de uma companhia. Esta suposta falha na governança pode conduzir aos milhões de reais em "re-designs" caros no serviço, em manutenção e em atrasos do projeto. Mais prejudicial ainda, são as perdas potenciais de rendimento e as responsabilidades de negócio. Por exemplo, SOA representa uma camada nova de serviços que precisam ser criados e controlados com cuidado para que forneçam a integração e a interoperabilidade entre sistemas que se deseja.

Introdução a uma nova camada de desenvolvimento SOA

Entretanto, estas exigências cada vez mais críticas estão sendo desafiadas pela mesma natureza das tecnologias e dos paradigmas que constituem SOA, como XML, Web services, e demais processos de negócio.

QUESTÕES A SEREM REFLETIDAS:

Desafio para governança-SOA

Sim, é muito fácil criar e utilizar os serviços de web services, que podem oferecer formulários cheios de significados de dados estruturados de XML tais como a obtenção de informação, citações financeiras, as mensagens imediatas... etc., mas sendo isso, apenas parte da solução. O desafio consiste em certificar-se que estes serviços permitem uma acessibilidade de maneira correta garantindo uma segurança em que ao mesmo tempo reforce as políticas apropriadas para se certificar que estes serviços sejam interoperáveis e reusáveis, funcionando de forma mais flexível e estando a ser usado prontamente para criar novas soluções.

Padrões em desenvolvimento para a conformidade do negócio e padrões de TI para tecnologias Web service

O número de padrões corporativos e de políticas incorporadas ao negócio e membros que precisam aprender, compreender, e se envolver, está aumentando constantemente. Freqüentemente, os esforços envolvidos para conformidade destes padrões pré-estabelecidos não vão de encontro aos objetivos à curto prazo dos projetos. O PMO (Project Management Office) e os grupos de arquitetura podem publicar políticas internas de forma originalmente detalhada, como por exemplo, na intranet. Mas as equipes de projeto raramente possuem um momento disponível para este esforço, de forma que fosse compreendido e aderido a uma prática comum.

Ausência de aplicação aos padrões

Os processos de negócio e as tecnologias tais como o próprio SOA não são padrões comumente corporativos. Cada companhia tem suas próprias considerações e exigências originais de negócio para seus processos em SOA. Não existe "receita de bolo" para fomentar um padrão de governança SOA que se aplique a todo tipo de Organização.

Ferramentas inadequadas

Muitas das ferramentas comerciais disponíveis no mercado permitem hoje que as equipes possam desenvolver entregas "não – padronizadas", de certa forma, simplistas ao negócio, que envolvam XML e serviços web. Estas ferramentas são limitadas para basear em execuções niveladas ou de diferentes camadas. Estes produtos não fornecem ao usuário recursos para criação de classes de desenvolvimento aderentes às "melhores práticas" em XML e serviços web para SOA. Em suma, possuir ferramentas adequadas e aprovadas pelo mercado, homologadas e devidamente suportadas por seus fabricantes é premissa básica para iniciar com sucesso os processos às melhores práticas de governança SOA.

Novas camadas e novos desafios

Complexas iniciativas, tais como a arquitetura orientada a serviço, cria uma camada nova na empresa. Esta camada nova levanta desafios novos para a segurança, a gerência, a confiabilidade, a gestão de mudança, e muito mais. Os procedimentos de gerência uniformes ao ciclo de vida da governança, tornam-se muito mais complicados em um ambiente de SOA. Os serviços não são grandes pacotes de software, são os módulos de software que expõe e fornecem a funcionalidade como parte de uma visão maior. Há certas dependências que estão freqüentemente fora do escopo da equipe. Questões como a gerência de mudanças, versionamento e a análise de impacto, são impossíveis de controlar com determinados conjuntos de ferramentas que estão disponíveis hoje. Embora SOA possa inicialmente ser endereçado por uma organização centralizada, SOA não é criado por um "mega-projeto". SOA é criado como o resultado de muitos projetos independentes que são todos envolvidos ao negócio e exigências técnicas. Isto cria um dos principais desafios a SOA, no seguindo ponto: "como você alinha esforços díspares em uma arquitetura contínua, de confiança, ágil e consegue dispor qualidade à empresa? ". Governança vem justamente para buscar esta harmonia orquestrando um framework comum a todas essas camadas.

O Desenvolvimento em SOA – Um simples exemplo
Mesmo a tarefa mais simples da arquitetura de sistemas pode destacar a complexidade substancial envolvida em ter-se um SOA. Considere um arquiteto independente, que esteja tentando desenvolver e expor um serviço de web service fora de uma aplicação específica do legado de CRM, a fim de integrá-la com o portal da companhia. O arquiteto usará tipicamente um conjunto de ferramentas de desenvolvimento que seja projetado para ajudar que este profissional desenvolva rapidamente e simplesmente uma execução de serviço.

Este arquiteto gerará um desenvolvimento de XML que nunca criou antes, como novos esquemas, as mensagens de WSDL, as publicações de UDDI, e outros produtos construídos relacionados ao web service. Para expor este serviço à empresa e criar estes produtos, o arquiteto terá que tomar em consideração muitos parâmetros adicionais tais como as exigências de negócio, os testes padrões do projeto, os metadados e a semântica usada para definir as edições de serviço, desde a interoperabilidade até a usabilidade. Todos estes padrões são necessários a fim de integrar com toda a estrutura da empresa. Existem algumas exigências adicionais como versionamento, qualidade de acordos de serviço, do nível de serviço, e principalmente de segurança.

Desenvolvendo um novo paradigma para SOA
Na grande maioria senão em todas, quando deparado às camadas técnicas, as exigências "arquitetônicas" de negócio, às pressões dos prazos finais de entrega, e a falta de ferramentas de perícia/auditoria, os arquitetos e as equipes possivelmente postergarão o projeto. Reverterão a executar somente as exigências de negócio do projeto, negligenciando todos os outros elementos que são tão críticos para a criação de serviços de qualidade da empresa.

Mediante os desafios a estas novas realidades, as companhias estão terminando com excesso de fragilidades apontadas ao XML e soluções de serviço baseadas em integrações web service. Estas soluções "provisórias" não suportam a resuabilidade ou a escalabilidade, além do espaço de seu projeto original. Enquanto o negócio evolui e as exigências de novos negócios estão definidas, a inabilidade deste reuso de recursos existentes irá em desencontro aos benefícios de SOA, criando assim um efeito inverso, aumentando os custos e complexidade. Com isso as companhias são hoje incapazes de controlar e governar os serviços que seus colaboradores, fabricantes, e vendedores de solução fornecem, gerando assim um descompasso no funcionamento em seu ambiente.

Uma não-governança em SOA conduz a novos silos

Governança SOA – Requerimentos básicos:

Prestar manutenção à arquitetura orientada a serviços exige um foco flexível na maneira com que o software é desenvolvido e desdobrado dentro das empresas. As companhias terão que readequar-se "tornando-se agora, integradores visionários" para este novo paradigma de integração. O paradigma, as tecnologias, e os novos padrões criados para suportar este deslocamento exigem que as companhias executem seu SOA de maneira planificada, bem coordenada, e eficazmente controlada a fundo.

Para assegurar a continuidade do negócio, reduza custos de integração e as complexidades, responsabilidades incorporadas, como a segurança, e para competir eficazmente no mercado, as companhias devem governar o projeto, o desenvolvimento, a distribuição, e as operações de todos estes novos serviços da empresa.

Administrar governança SOA é prover a habilidade de assegurar-se de que todos os esforços independentes (seja no projeto, no desenvolvimento, na distribuição, ou nas operações de um serviço) venham juntos, cumprir as exigências da empresa aderentes ao SOA.

Diversos elementos são exigidos para se conseguir a governança em SOA:

•Políticas SOA na Empresa

As políticas ajustam os objetivos que você utiliza para gerenciar o sucesso de forma ponderada. Sem políticas, não há nenhuma administração. Os precursores de política gostam de gerentes, arquitetos, líderes de projeto, e os líderes de desenvolvimento de aplicações que estão esforçando-se para definir, configurar e atribuir políticas de uma maneira que lhe permita que as equipes de desenvolvimento se aderem facilmente e de maneira transparente a estas políticas e às boas práticas. Em conseqüência, cada equipe cria serviços de forma muito rápida e dinâmica. Isto sacrifica a interoperabilidade, a viabilidade, a segurança, e os outros benefícios de SOA. A política de governança SOA precisa apontar o impacto total aos serviços de negócio que estão sendo criados e refeitos. Tais políticas precisam criar uma conexão forte entre o negócio e a tecnologia. As companhias precisam possuir a habilidade de associar suas políticas de negócio, às políticas técnicas e a execução real, de forma transparente. A tal ponto que haja políticas de governança em que todos os serviços estejam aderentes a uma perspectiva real da empresa. Isto vale para todos os níveis da empresa, de políticas granuladas que uma equipe de projeto pode executar, até a perspectiva das unidades de negócios, departamentos, ou de diferentes equipes. As políticas são as exigências técnicas e do negócio que levam a criar uma linguagem comum da informação e do processo. Aplicado em SOA, as políticas precisam endereçar a uma natureza muito bem distribuída, assíncrona, deste heterogêneo ambiente de SOA.

As políticas de governança SOA, podem iniciar em nível de negócio, onde:

☐ Os projetos devem ser cumpridos de acordo com as diretrizes da arquitetura interna;

☐ A segurança e as políticas de auditoria regulamentatórias devem se revisadas, estando em conformidade para com todos os projetos de TI.

☐ As políticas de governança SOA, podem representar algumas alterações reguladoras mais específicas de conformidade:

☐ Informações identificavelmente sigilosas e pessoais de um paciente devem ser comunicadas e armazenadas rigorosamente. (De acordo com a HIPAA - Legislação abrangente que governa a privacidade, segurança e transações eletrônicas das informações de saúde de clientes e pacientes);

☐ Todas as transações financeiras devem fornecer a rastreabilidade e mecanismos inalteráveis necessários para os registros de verificação. (SOX - Lei Sarbanes-Oxley que busca garantir a criação de mecanismos de auditoria e segurança confiáveis nas empresas).

A iniciativa de projetos de outsourcing pode representar algumas exigências tais como:

☐ O projeto deve ter como política de interoperabilidade de passar por uma contagem aceitável de 80%, durante os testes de aceitação;

☐ Todas as políticas de segurança do projeto devem ser programadas para uma revisão manual bem detalhada para detecção de falhas chave;

☐ O outsourcing deve fornecer a lista de verificação assinada de aceitação ao gerente do projeto antes dos testes de aceitação.

Políticas mais avançadas e complexas deverão freqüentemente e rigorosamente ser revisadas perante, sobretudo seu nível técnico, podendo ser ainda reforçada por ferramentas de aplicação neste sentido. Exemplos de informações de segurança:

☐ Informações que dependem de liberação por token;

☐ Senhas que devem conter, por exemplo, no mínimo 6 caracteres com alguma letra em maiúscula, contendo números e letras alternadas;

☐ A transposição de algumas mensagens deverá possuir uma identificação única e assinada digitalmente.

Existem algumas políticas-técnicas relativas ao projeto que são necessárias para assegurar a interoperabilidade e o reuso:

☐ Não utilizar estilos codificados RPC em web service;

☐ Não utilizar "respostas-solicitação" para operações em web service;

☐ Não utilizar convites XML "anyAttritute"

Se qualquer um destes conjuntos de políticas, não é seguido, o impacto sobre as operações da empresa e demais linhas funcionais podem ser grandes.

•Conformidades e Auditorias

As políticas de governança não devem ser deixadas somente no papel. As políticas devem ser uma parte ativa das operações da empresa. Após definições, as políticas devem ser postas a trabalhar no sentido de detectar, analisar e controlar em conformidade aos padrões pré-estabelecidos. Este processo deve ser integrado com o design, desenvolvimento, implantação e operação dos serviços de maneira eficiente e transparente. Os Desenvolvedores, Arquitetos e demais integrantes da equipe do projeto devem estabelecer a necessidade da capacidade de estar em conformidade com as políticas de governança, através de um sistema automatizado que lhes permitirão facilmente encontrar e endereçar o que foi iniciado e terminado.

•. Administrando: O que foi feito, A revisão e As melhorias

Quando as políticas são definidas e conforme os processos estão em vigor, aqueles que decidem, deverão reger a execução, incentivar a reutilização e gestão de processos de colaboração de negócios e melhorar as métricas. Estes são os verdadeiros valores de uma integração. Completando estes processos devem responder às seguintes perguntas:

☐ Políticas - Quais políticas que temos? Quando que estas políticas são implementadas?

☐ Serviços Corporativos - Que serviços empresariais estão a ser desenvolvidos? Quais serviços estão sendo efetivamente reutilizados? Quem são os consumidores deste serviço?

☐ Situação de conformidade - Como fazer com que os nossos serviços estejam em conformidade com as nossas políticas? Quais interfaces que não estão em conformidade? Qual é o impacto do abandono sobre as operações do Serviço ou de nossas operações comerciais? Existem algumas falhas de segurança? Quais são os nossos níveis de serviço?

☐ Análise de Impacto – O que acontece às nossas operações de SOA, se não mudarmos as nossas atuais políticas de SOAP? E se precisarmos acrescentar novos elementos à nossa mensagem de cabeçalhos SOAP?

☐ Interdependências - Como as operações irão ser afetadas pelas mudanças feitas ao serviço? Quais os processos críticos serão afetados ou até mesmo poderão deixar de funcionar?

☐ Gerenciando Exceções - Podemos conceder uma exceção a uma política definida para um determinado projeto? Qual seria o impacto de uma exceção como esta?

Integração

Existem dois aspectos para a integração da Governança SOA: Processo de Integração e Sistema de Integração:

<u>Processo de Integração</u> – A Governança SOA deve integrar com o atual fluxo de serviço de desenvolvimento e com as ferramentas de sistemas disponíveis. Isso garante que os serviços de implementações estejam em conformidade com as políticas empresariais em toda a concepção, desenvolvimento, análise, implementação, implantação e manutenção.

<u>Sistema de Integração</u> – A Governança SOA deve integrar transparentemente com EAI(Enterprise Application Integration), desenvolvimento de ferramentas, e outros aplicativos empresariais que estão a produzir e consumir serviços.

Conclusões

Dizer que sua empresa passou por auditorias internas e externas, contratou as melhores consultorias do mercado e geraram assim um calhamaço de papel que reflete na tão preciosa e aguardada Política, de nada vale se não aplicada e confrontada no decorrer da empreitada aos históricos anteriores a não adesão desta Política. Se o hábito faz o monge a prática governa novos horizontes. E trabalhar com integrações com segurança, relacionando toda esta tecnologia ao negócio é um desafio que deve ser encarado com alicerces muito bem fortificados – seja com frameworks aderentes às necessidades, seja com capacitações de sua equipe para novas adaptações a um ambiente proveniente às melhores práticas de governança.

[F]

> Faceted Taxonomy (Taxonomia descritiva)

Taxonomia descritiva é na verdade um conjunto de taxonomias, chamado facetas, cada qual é um conjunto de termos estruturados de acordo com um determinado tipo de informação que se aplica ao conjunto de objetos que estão sendo organizados

> Fact (Fatos)

Pedaço finito de dados de interesse para o utilizador de um conjunto maior de informações. Na verdade, é muitas vezes numérico e aditivos. Geralmente classificado em uma tabela de fatos em um data warehouse.

> Fact constellation (Aglomerado de fatos)

Banco de dados com esquema organizacional em várias tabelas de fatos com partes de tabelas de dimensão. Uma vez que este modelo pode ser representado em uma forma que parece uma coleção de estrelas, é chamado como um esquema de galáxia ou constelação de fatos.

> Fact Table (Tabela de fatos)

É a tabela dominante de um esquema de modelagem tipo estrela (Star Schema), em um modelo multidimensional, e tem como característica principal a presença de dados altamente redundantes para se obter um melhor desempenho. A tabela de fatos contém dois tipos de campos: os campos de armazenar as chaves estrangeiras que ligam cada circunstância particular para o valor apropriado em cada dimensão, e os campos de armazenar os dados individuais - como o número, quantidade e preço.

> Federated Data (Dados federados)

Uma abordagem de Arquitetura de Dados onde as informações são armazenadas em muitos locais, sob o controle e projeto de diferentes grupos, mas é disponibilizado para a empresa usar e está sujeita a algumas regras da empresa. Em um contexto de repositório, ele armazena os dados federados (abordagem de apoio ao desenvolvimento interativo de um sistema de armazenamento de dados contendo data marts independentes).

> Fiduciary (Depositário)

Um indivíduo, empresa ou associação encarregada de autoridade legal para cumprir o dever de administrar e investir recursos para outro partido.

> **Fiduciary Trust/Responsibility (Responsabilidade de liberação do depositário)**

O poder confiado a um indivíduo, empresa ou associação (fiduciário) para gerir os ativos para uma outra pessoa (principal) beneficiário para seus interesses.

> **FIFO**

Abreviação de "first in, first-out". Um método de enviar uma transação primeiro a entrar – primeiro a sair. As listas são amplamente utilizadas em programação para implementar filas de espera. Em uma fila de tipo FIFO, os elementos vão sendo colocados na fila e retirados (ou processados) por ordem de chegada. A idéia fundamental da fila é que só podemos inserir um novo elemento no final da fila e só podemos retirar o elemento do início.

➤ **FTP (Protocolo de Transferência de Arquivos)**

Acrônimo para File Transfer Protocol Serviço que permite transferir arquivos de e para outros computadores na Internet.

> **Filter (Filtro)**

A combination of attribute elements (fields - usually from a dimension) and/or metric qualifiers used to specify query constraints.

➤ **Filter**

Um conjunto de critérios escolhidos que especificam um subconjunto de informações.

Exemplo: Uma lista de clientes pode ser filtrada para mostrar apenas aqueles cujo último nome começa com a letra A.

> **Financial Accounting Standards Board – FASB**

FASB é uma entidade privada, cuja missão é "estabelecer e melhorar os padrões de contabilidade e relatórios financeiros para a orientação e educação do público, incluindo os emitentes, auditores e usuários da informação financeira O FASB publica os Procedimentos Contábeis Geralmente Aceitos (GAAP). FASB foi criado em 1973, substituindo o Accounting Principles Board e da Comissão do Processo de Contabilidade da American Institute of Certified Public Accountants.

➤ **Financial Statement**

Um relatório escrito, que, quantitativamente, resume a situação financeira de uma organização para um determinado período de tempo. Ele inclui uma demonstração de resultados e do balanço que descreve o fluxo de recursos, ganhos ou perdas, e da distribuição ou retenção de lucros. Os dados financeiros percorrem através de sistemas de TI para acabar em uma declaração financeira.

> First Normal Form (Primeiro formulário normatizado)
Na modelagem de dados, é o resultado da normalização para assegurar que todos os atributos são dependentes da chave de uma entidade. Na prática, isto é conseguido através da remoção de grupos de repetição e valores múltiplos em atributos modelados como entidades distintas.

> Foreign Key (Chave estrangeira)
Coluna ou combinação de colunas cujos valores são necessários para coincidir com uma chave primária em alguma outra tabela

> Format (Formatar)
Refere-se a formatação de dados

> Framework (Estrutura/base)
Como o próprio nome diz é o alicerce de apoio para conduzir diversos processos, modelagens e construções de sistema e negócio. Pode ser caracterizado em duas formas:
- *application framework:* São os "blocos" de construção de uma aplicação. Um conjunto de rotinas de software comum que fornece uma estrutura de base para o desenvolvimento de uma aplicação, estruturados como uma biblioteca de classes.
- *enterprise framework*: Um ambiente completo para desenvolvimento e implementação de um sistema de informação global. Estrutura da empresa que fornece aplicações pré-construídas, ferramentas de desenvolvimento para personalizar e integrar as aplicações para os já existentes, bem como desenvolver novas aplicações. Serve também para fornecer um componente de fluxo de trabalho, com procedimentos e melhores práticas adotadas no mercado, como a aplicação do ITIL, COBIT, SOX, dentre outros.

> Functional Requirements (Requisitos funcionais)
É o projeto para a concepção de um sistema. No que diz respeito a um sistema de informações de negócios, os requisitos fornecem a documentação para a estrutura daquilo que se espera do sistema em geral para com todos os processamentos e detalhes de saída, assim como para cada entrada de dados, consultas e atualização de relatório do sistema.

Governança de TI vs Governança Corporativa e o Board

A definição de Governança de TI, como proposto pelo IT Governance Institute, expressa que "Governança de TI é de responsabilidade do Conselho e Diretoria Executiva e a Governança de TI que deve ser uma parte integrante da governança da empresa. Como podemos explicar essa relação entre Governança de TI, Governança Corporativa (ou Enterprise Governance), e Comissão da Empresa?

Governança na empresa é o sistema pelo qual as entidades são dirigidas e controladas. Uma espécie de dependência de negócios em informações, de modo que a tecnologia vem sendo cada vez mais atuante na governança empresarial, sem com que se possa atualmente resolver dinamicamente desconsiderar a Informação intitulada à tecnologia da Informação.

A governança da empresa deve conduzir e definir Governança de TI, pois esta última está inserida dentro da governança empresarial. A Tecnologia da Informação, por sua vez pode influenciar oportunidades estratégicas como indicado pela empresa e pode fornecer críticas construtivas para evolução cadenciada de todos envolvidos. Desta forma, a Governança de TI permite que a empresa possa tirar vantagem total da sua informação, e pode ser vista como um mecanismo estratégico para a empresa.

Deve-se entender que as atividades requerem informações de TI para atingir os objetivos de negócio e a tecnologia deve estar alinhada com as atividades da empresa para tirar o máximo de proveito da sua informação.

A Governança de TI e a governança da empresa, não pode ser considerada puramente como assuntos distintos e Governança de TI precisa ser integrado na estrutura de governança global da empresa, como indicado por vários autores e entidades da área.

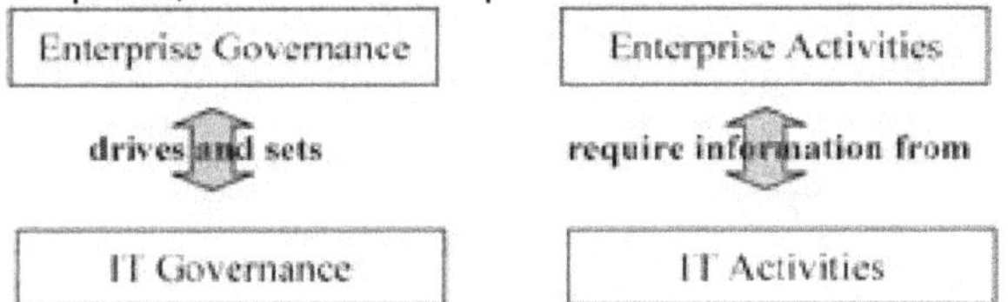

ITGI (2009). CobiT: Governance, Control and Audit for Information and Related Technology. Available online: www.itgi.org.

Questões sobre Governança de TI e Governança Corporativa:

Questões de Governança Corporativa	>	Questões de Governança de TI
Como os gestores irão financiar/negociar com os fornecedores para retornar uma parte dos lucros acordada com eles?	>	Como a alta diretoria irá começar com seu CIO IT da organização a retornar algum valor de negócio para eles?
Como fornecedores de financiamento se certificarão de que os gerentes não desviarão o capital do fornecimento investido em projetos não viáveis?	>	Como a alta diretoria irá se certificar de que seu CIO e demais departamentos de TI não desviarão o capital de fornecimento investido em projetos não viáveis?
Como os gerentes de fornecimento irão controlar as finanças?	>	Como a alta direção irá controlar os gastos com de seus CIO de TI na organização?

Como Governança de TI torna-se parte integrante da Governança Corporativa, é evidente uma responsabilidade do Conselho de Administração. A composição do Conselho varia muito de organismo para organismo, mas geralmente envolve uma combinação de executivos e diretores (aqueles que são contratados diretamente pela empresa) e não-executivos ou "independentes" administradores (aqueles que são nomeados, de fora da empresa). Há também diferenças importantes entre os países sobre o papel, a composição e o modus operandi desta Administração. Essas diferenças, naturalmente, levarão a variações nas expectativas, a ênfase, etc, mas as responsabilidades fundamentais do Conselho de não mudar devem ser dadas atenção para a estreita ligação entre gestão da tecnologia e da realização dos objetivos de negócio. Além disso, constata-se pelos analistas de mercado que os investidores estão dispostos a pagar mais pelas ações de uma empresa bem governada. Embora os prêmios são hipotéticos
e difíceis de medir, não há dúvida de que a boa governança faz a diferença para o valor corporativo.

[G]

> GAAP (Generally Accepted Accounting Principles)

Conjunto uniforme de regras de contabilidade de registo e comunicação de informações financeiras, conforme estabelecido pelo Financial Accounting Standards Board – Estados Unidos

---

> Garbage In, Garbage Out

In Garbage Out ou conhecida como GIGO é uma "gíria" popular da computação para: "Se você introduzir os dados errados, os resultados também estarão errados". O termo surgiu na comunidade de programação, onde os professores lembravam seus alunos que devem verificar e voltar a verificar os seus dados e codificação para garantir que os resultados são válidos, onde uma nova compilação geraria o processo de informações erradas retornando um resultado. O termo também é utilizado em outras indústrias, principalmente na indústria fonográfica, onde as pessoas insistem na necessidade de um bom equipamento, salientando que uma gravação de má qualidade inicial resultará em um álbum de baixa qualidade.

> Granularity (Granularidade)

Nível de pormenor ou de compactação de dados.

> Governance (Governança)

Descreve a dinâmica de distribuição de delegação de atividades, de aprendizagem e benefícios entre empresas,setores e até pessoas em uma cadeia de valor. Governança refere-se às inter-relações sólidas e mecanismos institucionais através dos quais colaboraram para a coordenação das atividades na cadeia de produção. A forma de governança é caracterizada pela integração geralmente vertical.Esta coordenação é referida como a governança da cadeia de valor onde envolve-se a busca harmônica entre pessoas, processos, diretrizes e tecnologias, para um fluxo continuo, organizado e bem distribuído, com propósitos bem definidos.

—

> GRC

Sigla para Governança, Risco e Conformidade usados freqüentemente pela administração nas instituições financeiras a reconhecer a interdependência destas três disciplinas na definição de uma política.

> GRC-SQ

Sigla para Governança, Gestão de Riscos, Compliance, Segurança e Qualidade dos dados, usados freqüentemente por governança de dados e programas de Qualidade dos dados para reconhecer as interdependências das cinco disciplinas de gerenciamento de dados

> Grid Computing (Computação em grade)

Conceito de matrizes de conexão de computadores menos robustos em um único supercomputador virtual. Conceito de Grades geralmente envolve grande número de máquinas geograficamente dispersas que são capturadas pela rede quando se tornam disponíveis.

> Groupthink (Grupo de pensadores)

Uma situação em que a informação crítica é retida pela equipe/grupo, porque os membros individuais restringiram, ou porque acreditam que seus interesses não valem a pena serem discutidos ou porque têm medo do confronto.

É um tipo de pensamento exibidos pelos membros do grupo que tentam minimizar conflitos até chegar a um consenso sem testar criticamente, analisar e avaliar as idéias.

> Guideline (Instrução de segmento)

Documento que descreve uma melhor prática que recomenda aquilo que deve ser feito. Normalmente, a orientação é menos vinculativa que um padrão.

Quadrante Mágico de Enterprise GRC

O Gartner publicou em 12 de agosto de 2009 o relatório de análise <u>Quadrante Mágico para Plataformas de Governança Corporativa, Risco e Conformidade</u> (E-GRC), por French Caldwell, Tom Eid e Carsten Casper. Os fornecedores OpenPages, BWise e Thomson Reuters se destacam no quadrante líder, onde também está a Oracle, com mais completude de visão porém menos habilidade de executar que os outros três. A MetricStream aparece no limiar de entrada no quadrante líder.

Para contextualizar e compreender este Quadrante Mágico, é importante ressaltar os aspectos abordados nas seções iniciais do relatório — de introdução e de visão geral e definição/descrição do mercado:

Os líderes provaram funcionalidades em GRC nas **quatro funções primárias do GRCM (GRC management**: gerenciamento de GRC) — gerenciamento de auditoria, gerenciamento de conformidade, gerenciamento de riscos e gerenciamento de políticas (**policy**).GRCM é definido como a automação do gerenciamento, medição, resolução e relatório de controles e riscos em relação ao objetivos, de acordo com regras, regulamentação, padrões e políticas.

Muitas corporações tipicamente consideram uma aplicação de GRCM para satisfazer um requerimento específico, como conformidade com Sarbanes-Oxley, uma regulamentação específica de seu segmento ou o gerenciamento do risco operacional para um processo de negócio. Entretanto, instituições frequentemente tem outras atividades de GRCM em mente, como gerenciamento de auditoria, regulamentação adicional, governança de TI, gerenciamento de resolução (**remediation**) e gerenciamento de políticas/normas (**policy**), o que eventualmente pode ser integrado a uma abordagem mais consolidada de EGRC.

"Governança", "gerenciamento de riscos" e "conformidade" são termos gerais que podem ser aplicados a uma vasta faixa de produtos, iniciativas de TI e requisitos de negócio. Estes três termos têm muitas definições válidas entre a base de clientes do Gartner. As definições a seguir ilustram o relacionamento entre os três termos:

Governança — O processo pelo qual políticas/normas (**policies**) são definidas e a tomada de decisão é executada.

Gerenciamento de Riscos – O processo para tratar riscos com um balanceamento de mitigação através da aplicação de controles, transferência através de seguro e aceitação através de mecanismos de governança.

Conformidade — O processo de aderência às políticas/normas e decisões. Políticas/normas podem ser derivadas de diretivas internas, procedimentos e requisitos, ou de leis, regulamentação, padrões e acordos externos [5].

[H]

> ➤ **Help Desk (Serviço de atendimento-suporte)**

Sistema de apoio destinado a ajudar os usuários finais com as questões técnicas e funcionais comunicada via telefone, correio ou e-mail. O Help Desk é um termo freqüentemente usado como sinônimo de Service Desk.

> ➤ **Help Desk Administrator (Administrador do serviço de suporte)**

Pessoa responsável pela gestão das aplicações, sistemas e processos utilizados pelo Call Center ou balcões de atendimento.Resolvem problemas que são relatados pelos usuários.

> ➤ **Heterogeneous (Heterogeniedade)**

Variedade, diversidade de sistemas, processos, tecnologias.

> ➤ **Heterogeneous Database Integration (Integração da base de dados heterogênea)**

Uma abordagem para entrega de informações quando uma consulta é decomposta em uma série de questões colocadas a um conjunto de armazenamentos de dados, com os resultados integrados em um conjunto de respostas globais.

> ➤ **Hierarchy (Hierárquico)**

Um sistema de classificação que organiza as coisas em grandes grupos que englobam conjuntos de pequenos grupos. Em uma hierarquia rígida nenhum elemento pode ser membro de mais de um subconjunto com um dado nível da hierarquia.

Exemplo: Os organogramas são exemplos de hierarquias. Taxonomias podem ser representadas como hierarquias, com caminhos de navegação definidos para a inserção de cima para baixo. Em contrapartida, a bancos de dados relacionais retratar relacionamentos que pode ser expresso de várias maneiras.

> **> Historical Databases (Histórico da base de dados)**

Um repositório corporativo de dados utilizados por um período de tempo contendo informações.

> **> Householding**

Metodologia de consolidação de nomes e endereços. Householding é um elemento-chave da utilização dos dados para fins comerciais. Refere-se ao processo de agrupamento e filtragem de informações sobre uma determinada pessoa, família, casa ou empresa.

> **> Hub-And-Spoke**

Uma abordagem de arquitetura de sistemas onde não se conectam diretamente uns aos outros como se fazem com os sistemas de arquiteturas acopladas, mas sim ligar através de um mecanismo centralizado.

Softwares GRC

Softwares deste gênero ajudam, companhias abertas para integrar e gerenciar as operações de TI que estão sujeitas à regulamentação. Esses softwares geralmente combinam aplicações que gerenciam as funções básicas de GRC em um único pacote integrado.Softwares GRC geralmente permitem que uma organização prossiga numa abordagem sistemática e organizada para gerir sua governança, riscos e conformidades, relacionadas com a estratégia e implementação. Em vez de manter os dados em separado "silos", os administradores podem usar uma única estrutura para fiscalizar e impor normas e procedimentos. As instalações de sucesso permitem com que as organizações possam gerenciar riscos, reduzindo custos incorridos por várias instalações e minimizar a complexidade para os gestores.

A implementação de software GRC normalmente envolvem instalações complexas que incluem a coordenação de dados entre os vários departamentos, incluindo empresas, informática, segurança, compliance e auditoria. Uma vez no local, no entanto, o painel de instrumentos/controle de ferramentas de análise de dados permite aos administradores identificarem uma exposição de riscos da organização, os progressos para as metas trimestrais ou rapidamente reunir uma auditoria de informação. A boa governança, que se define como eficaz e com gestão ética de uma empresa no nível executivo, é tratada como um elemento objetivamente mensurável. Retenção de dados e gerenciamento de risco são convertidos em métricas similarmente mensuráveis.

Softwares para GRC, são comumente capazes de satisfazer as necessidades das várias partes interessadas, incluindo:

> ⇨ executivos de empresas que precisam identificar e gerenciar riscos;
> ⇨ gerentes financeiros destinados a satisfazer os requisitos de conformidade regulamentar;
> ⇨ consultores jurídicos às voltas com a descoberta e retenção de registros;
> ⇨ Diretores de TI que administram instalações de software relacionados com projetos GRC em uma organização.

Retenção de dados e procedimentos de gestão de risco encomendado pela Lei Sarbanes-Oxley (SOX), HIPAA, Basiléia II e os regulamentos regionais têm todos colocados sob pressão sem precedentes, os administradores de TI para coordenar empresas de rastreamento e organização das medidas de cumprimento regulatório. Como resultado, a categoria de software de GRC rapidamente se tornou um espaço muito disputado entre os gigantes da indústria como SAP, Oracle, IBM, CA e uma série de empresas iniciantes de menor dimensão. Dada a carga complexa regulamentação imposta a ambos os executivos e administradores de TI, as ferramentas fornecidas pelo software de GRC serão cada vez mais importantes para o cumprimento das novas normas.Uma solução completa de Governance, Risk an Compliance suporta todos os estágios do ciclo de vida do GRC permitindo desenvolver e manter atividades como **planejamento estratégico, gestão de riscos, gestão de processo, monitoramento e controle**, do nível corporativo até o de TI

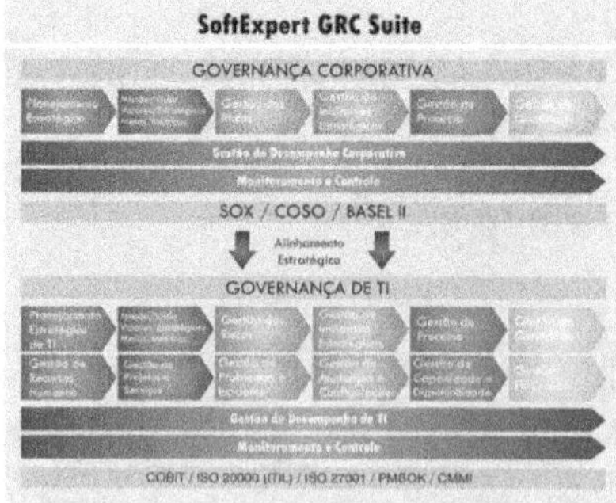

> **IAM (Gerenciamento dos ativos de informação)**
Acrônimo para Information Asset Management

> **ILM (Gerenciamento do Ciclo de vida da informação)**
Acrônimo para Information Lifecycle Management. Representa a gestão de registros de dados específicos ou conjuntos de informações coletadas por meio de um ciclo que se inicia quando a informação é criada ou adquirida e termina com a sua destruição.

> **Impacto**
Resultado ou efeito de um evento. Poderá haver uma série de impactos possíveis associados a um evento. O impacto de um evento pode ser positivo ou negativo em relação aos objetivos correlatos de uma empresa.

> **Index (Indice – indexador)**
Um índice é uma estrutura de dados associada com uma tabela que é logicamente ordenada pelos valores de uma chave. Ele melhora o desempenho do banco de dados e velocidade de acesso. Os índices são normalmente criados para colunas que são acessados regularmente e onde o tempo de resposta é importante

> **Indicators (indicador)**
Medidas estabelecidas para determinar como uma organização está perante a satisfação das necessidades de seus clientes e ao desempenho operacional e financeiro de outras expectativas.

> **Information Architecture (Arquitetura de informação)**
Na sua definição mais alta, encontra dentro da disciplina de processos e / ou programas focalizando-se sobre a concepção da organização de dados, com informações não-estruturadas, e documentos em um contexto de "Enterprise Architecture", que é um sinônimo de Arquitetura de Dados, No contexto da concepção de documentos e páginas da web, é a estruturação de grandes conjuntos de informações, em oposição ao desenvolvimento do

conteúdo de qualquer unidade de conteúdo dentro do conjunto maior, como um todo.

> Information Criteria (Critério de informação)

De acordo com o COBIT, a informação deve ser avaliada de acordo com os seguintes critérios: eficácia, eficiência, confidencialidade, integridade, disponibilidade, conformidade e confiabilidade.

> Information Resource Management (Gerenciamento dos recursos de informação)

Representa a estratégia e os processos de forma eficaz e eficiente na gestão de dados, conjuntos de informações e documentos. Este é um segmento de alto nível, que engloba vários outros dados relacionados com as disciplinas e os esforços devidos. Ele inclui planejamento, orçamento, organização, orientação, formação e controles associados com os resultados coletados e que engloba recursos relacionados, tais como pessoal, equipamentos, fundos e tecnologia em geral.

> Information Security Management (Gerenciamento da segurança da informação)

Disciplina que envolve processos, pessoas e tecnologia dentro da organização de forma a buscar que se garanta a confidencialidade, integridade e disponibilidade de um patrimônio de dados (ativos da informação), em conformidade às melhores práticas de alguns frameworks que possam ser adotados regulamentares ao negócio.

> Information Technology - TI (Tecnologia da Informação)

Processo organizacional de um grupo com ênfase no uso da tecnologia para o armazenamento, comunicação ou processamento de informações.

> Information Warehouse (Grande base de informações)

Alicerce de qualquer sistema de Apoio à Decisão. O repositório de dados da empresa de apoio à decisão, consiste de fato, em pesquisa das tabelas relacionais.

> IGF (Internet Governance Forum)

Organização internacional de governos e agências da ONU, que foi fundada para discutir questões como a segurança da Internet e spam. Foi criado na Conferência das Nações Unidas em 2005, após alguns paises refeitarem a transformação do controle da ICANN - Internet de domínio para a ONU A primeira reunião do IGF foi agendada para 2006.

> Inheritance (Herança)

Um princípio de que um objeto de dados pode levar a um atributo de metadados da sua "entidade mãe. "

> Institutionalization (Institucionalização)

A maneira de fazer negócios arraigados (com vínculos) que uma organização segue rotineiramente como parte de sua cultura corporativa.

> Integration Middleware (Integração das aplicações meio)

Middleware consiste ao contexto business-to-business (B2B integração de aplicações) que inclui recursos de integração, integração de servidores Web e servidores de portal utilizado para transformar, como via de processos extensivos

> Integration Testing (Testes de integração)

Teste realizado para expor as falhas nas interfaces e na interação entre os componentes integrados. Este tipo de teste é usado para determinar se uma mudança para uma aplicação ou armazenamento de dados terá consequências imprevisíveis para outros sistemas ou aplicações.

> Integrity (Integridade)

Refere-se a informação estar disponível em sua originalidade uma vez emitida, quando exigido pelo processo de negócio, agora e no futuro. Também diz respeito à salvaguarda dos recursos e capacidades necessárias associadas ao seu teor.

> Intelligent Agent (Agente inteligente)

Software de rotina que aguarda até o fim e executa uma ação quando ocorre um evento especificado.

> Intelligent Matching (Inteligência intitulada)

Processo inerente a um conjunto de resultados prováveis em um sistema de registro típico, ao invés de tentar determinar uma correspondência exata.

> interface

Fronteira entre os dois sistemas ou aplicações, onde eles estão interligados e através do qual os dados passam até chegar ao usuário final, como uma demonstração visual de um resultado construído, arquitetado.

> Internal Audit (Auditoria interna)

Uma avaliação de um programa ou projeto por funcionários da própria organização para checagem/conferência de procedimentos e determinados eventos, seja a nível de sistemas ou processos.

> International Organization for Standardization (ISO)

A Organização Internacional de Normalização (ISO) é o maior desenvolvedor do mundo de Normas. A ISO é uma organização não-governamental, que é uma rede de institutos nacionais de normas de 156 países. Mais informações sobre a ISO está disponível a partir do site: http://www.iso.org/

> International Standards Organization (Organização internacional de padrões)

Relacionado à International Organization for Standardization (ISO).

> Interoperability (Interoperabilidade)

Capacidade de vários tipos de computadores e de programas para trabalhar juntos.

>

> ➢ **Intervenção da Administração**

As medidas adotadas pela administração para neutralizar políticas ou procedimentos estipulados com fins legítimos; a intervenção da administração geralmente é necessária para tratar de eventos ou transações não recorrentes e não padronizadas ou eventos que, de outro modo, poderiam ser tratados inadequadamente pelo sistema (contrastar esse termo com Neutralização pela Administração).

> IQ (Qualidade da Informação)

Acrônimo para Information Quality

> IRM (Gerenciamento dos recursos de informações)

Acrônimo para Information Resource Management.

> ISO 9000

Termo genérico que se refere a uma série de normas e diretrizes internacionais para Sistemas de Gestão da Qualidade. Referente a ISO.

> ISO 9000 Series Standards (Série de padrões ISO 9000)

Conjunto de normas internacionais de gestão da qualidade e garantia de qualidade desenvolvido para ajudar empresas efetivamente a documentar os elementos do sistema de qualidade a serem implementadas para manter um sistema de qualidade eficiente. As normas, publicadas inicialmente em 1987, não são específicas para um setor único, produto ou serviço. As normas foram submetidas a grande revisão em 2000 e agora são as normas ISO 9000:2000 (definições), ISO 9001:2000 (requisitos) e ISO 9004:2000 (melhoria contínua).

> ISO/IEC 17799

Código ISO de Boas Práticas de Gestão de Segurança da Informação, com base na BS 7799 Parte 1.

> ISO/IEC 20000

Especificação ISO e Código de Boas Práticas da IT Service Management. ISO / IEC 20000 que está alinhada com melhores práticas ITIL, e substitui a BS 15000.

> ISO/IEC 27001

Specification for Information Security Management. O código correspondente à prática é a ISO / IEC 17799, onde a ISO / IEC 27001 substitui a BS7799 Part 2.

> Issue (Problema)

Uma situação que requer atenção.

> Issue Framing (Concepção do problema)

Um processo de delimitação e definição de um problema antes de resolvê-lo. Como a decisão é enquadrada e limita para as opções possíveis que são seriamente consideradas.

➤ Issue Resolution (Resolução do problema)

Processo estruturado para se chegar a solução de um problema ao considerar as necessidades de todos os programas envolvidos.

> IT Auditor (Auditor de TI)

Representa um auditor interno ou externo de TI com responsabilidades que envolvem qualidade dos dados e / ou segurança de dados

> IT Governance (Governança de TI)

Conforme *The IT Governance Institute*, define a governança de Tecnologia da Informação como a liderança de estruturas organizacionais e processos que assegurem que a empresa de TI sustente e estenda-se às estratégias da empresa e seus objetivos.

> IT Infrastructure (Infraestrutura de TI)

Todo o hardware, software, redes, instalações, etc que são necessários para desenvolver, testar, entregar ou apoiar os serviços de TI. O termo infraestrutura de TI inclui todas as tecnologias da informação, mas não as pessoas associadas em processos e documentações manipuladas. Em suma, a infraestrutura compõe os componentes de base tecnológica que constituem a arquitetura de uma organização de sistemas, onde os sete componentes da infra-estrutura de TI seriam: hardware, sistema operacional de rede, banco de dados, ambiente de desenvolvimento, interface e aplicação.

> IT Infrastructure Library (ITIL)

Uma série de publicações com melhores práticas em matéria de IT Service Management.

> IT Operator

Pessoa que trabalha com sistemas de TI ou infra-estruturas, executando conjuntos de tarefas operacionais.

> IT Portfolio Management (Gerenciamento da lista de recursos de TI)

Representa a principal função da Governança de TI, de maneira que o gerenciamento de portfólio é o processo formal de gestão de ativos de TI, tais como software, hardware, middleware, um projeto de TI, o pessoal interno, uma aplicação ou consultoria externa.

> IT Service Management (ITSM)

Representa a implementação e gestão de qualidade de serviços de TI que atendam as necessidades do negócio. IT Service Management é realizado por provedores de serviços de TI, através de uma combinação adequada de Pessoas, Processos e Tecnologia da Informação.

> IT Service Management Forum (itSMF)

O IT Service Management Forum é uma organização independente dedicada a promover uma abordagem profissional de IT Service Management. O itSMF é uma organização sem fins lucrativos com adesão à

Organização, com representação em vários países ao redor do mundo (itSMF capítulos). O itSMF e seus membros contribuem para o desenvolvimento do ITIL e associados IT Service Management Standards. Veja em http://www.itsmf.com para mais informações.

___

> Iteration (Iteração)

Pequenas unidades mensuráveis do trabalho realizado repetidamente; a unidade para o produto final. Além disso, veja Iterative Process.

___

> Iterative Process (Processo iterativo)

Abordagem de desenvolvimento em que um sistema e seus modelos e produtos é desenvolvida através de um ciclo controlado de coleta de dados, análise e etapas de revisão. Esta seqüência é repetida até que o resultado está de acordo com os critérios de qualidade.

Normas ISO/IEC 17799 / 27002 e BS7799

A ISO/IEC17799 foi atualizada para numeração ISO/IEC 27002 em julho de 2007. É uma norma de Segurança da Informação revisado em 2005 pela ISO e pela IEC. A versão original foi publicada em 2000, que por sua vez era uma cópia fiel do padrão britânico (BS) 7799-1: 1999.O padrão é um conjunto, de recomendações para práticas na gestão de Segurança da Informação. Ideal para aqueles que querem criar, implementar e manter um sistema.A ISO/IEC-17799 Tem como objetivo confidencialidade, integridade e disponibilidade das informações são fatores muito importantes para segurança e integridade das informações

O Padrão Britânico (**British Standard**) 7799 (BS7799) originou-se de um código de prática do Governo do Reino Unido (Department of Trade and Industry - DTI) de 1993, depois publicado como padrão em 1995 pelo _British Standards Institution (BSi)_ e revisado em 1999. Quando foi inicialmente publicado como um padrão internacional ISO em dezembro de 2000, BS7799 parte 1 (BS7799-1) se tornou ISO 17799, porque um padrão chamado ISO 7799 já existia.

Em outubro de 2005, British Standard BS 7799 partes 2 (BS7799-2) foi adotado pela ISO e re-identificado, iniciando a nova série 27000 de padrões internacionais para segurança da informação, lançado como norma ISO/IEC 27001:2005. De 2001 a 2004, a norma internacional ISO 17799 (BS7799-1) passou por ampla revisão, culminando na nova versão ISO/IEC 17799:2005 publicada em junho de 2005. E em julho de 2007, o padrão 17799:2005 foi renumerado para 27002:2005 (através do ISO/IEC 17799:2005/Cor.1:2007), integrando a nova série 27000. No Brasil, a ABNT publica as normas localizadas ABNT NBR ISO/IEC 27002:2005 (NBR ISO/IEC 17799:2005) e NBR ISO/IEC 27001:2006

Versões ISO – padrões de conformidade em segurança

ISO/IEC 27000 series:

- **ISO 27001** [BS7799-2]: information security management systems (ISMS) requirements. (ABNT NBR) ISO/IEC 27001:2005 = BS 7799-2:2005. Requisitos (**shall**/deve) para se implementar um sistema de gestão de segurança da informação.

- **ISO 27002** [BS7799-1]: code of practice for information security management. ISO/IEC 27002:2005 = ISO 17799:2005 = BS7799-1:2005. Recomendações (**should**/convém) de controles para segurança da informação.

ISO 27003 (esperada para 2009): an ISMS implementation guide.

- **ISO 27004** (proposta): information security management measurement and metrics.

- **ISO 27005** [BS 7799-3] (proposta): information security risk management. BS 7799-3:2006 - Risk Management Guidelines.

- **ISO 27006**: requirements for bodies providing audit and certification of

[J]

> JAD (Desenvolvimento de aplicações conjuntas)
Acrônimo para Joint Application Development. See JAD session.

> JAD Session
Originalmente JAD refere ao desenvolvimento de aplicações comuns. É descrito um processo para projetar o software que os utilizadores finais potenciais se reuniram para analisar as necessidades dos utilizadores de forma colaborativa e acordar sobre decisões de projeto. Sessão JAD assumiu um significado mais amplo, referindo-se a qualquer reunião como colaborativo, onde os participantes trabalham em conjunto para resolver um problema comum.

> JIT
Acrônimo para Just in Time.
Abordagem para atividades ou processos ou relatórios onde ocorrem apenas quando solicitado. Esta abordagem está em contraste com apenas no caso, onde as atividades ou processos, ou relatórios são criados na expectativa de que alguém possa precisar deles.

> Joins (Junção)
Operação realizada em tabelas de dados em um SGBD relacional em que os dados de duas tabelas são combinados em um maior, se juntando à tabela mais detalhada.

> Juran Trilogy
Três planejamentos da qualidade gerencial processadas por Joseph M. Juran para uso na gestão de qualidade: controle de qualidade e melhoria da qualidade.

> Just-in-time (JIT) Process
Um processo que é realizado apenas quando for necessário, eliminando o desperdício de esforços.

> Just-in-time (JIT) Training
Representa a oferta de formação/modelagem/capacitação apenas quando é necessário, numa abordagem que visa reduzir ou eliminar a perda de conhecimento e habilidade causada por uma defasagem entre a formação e a utilização da mesma.

Melhores práticas de GRC contando com uma cultura ética e embasada no gerenciamento de interesses centralizados.

Os especialistas concordam que a Governança, Risco e Conformidade é a melhor forma para compor programas de boas condutas éticas.

A ética não é apenas uma lista de "não têm" e "isso pode" para os indivíduos. São preocupações, como por exemplo, em como nos relacionamos com o trabalho e com os outros de maneira positiva, harmoniosa e produtiva.

A ética nas corporações está na ótica também de como a própria organização se comporta em relação aos outros concorrentes. A essência da ética é o uso responsável de energia que afeta os interesses dos outros em princípios moralmente aceitos. De maneira que nossos próprios interesses e os dos outros, estão no cerne da responsabilidade moral.

A maioria dos sistemas produtivos éticos são aqueles que promovem a cooperação, além da definição de fronteiras. Um alto nivel das corporações neste sentido normalmente terá dois objetivos subjacentes:

1. Queremos que todos na organização trabalhem em conjunto de forma a ampliar o seu sucesso financeiro?

2. Queremos que a organização interaja com as partes externas interessadas, de forma que aumente o seu sucesso financeiro?

Estes objetivos implicam na necessidade de controlar o comportamento que possa comprometer o êxito desejado. As empresas que perseguirem essas metas tendem a incorporar a excelência na produção de bens e serviços dentro de uma cultura ética. Fazer isso permite-lhes manter o sucesso financeiro permitindo com que se tenha trabalhadores e outras partes interessadas internas satisfeitas.

Negociar estrategicamente uma cultura ética entre as partes – "barganha posicional"

Barganha posicional ocorre quando duas ou mais pessoas afirmam aparentemente interesses incompatíveis com posições como por exemplo, a proposta de base para um acordo. No nosso caso, o interesse é o paradigma padrão de interação social em nossa cultura. Ele é fundamentalmente controverso e supõe uma vitória / derrota resultado ou, na melhor das hipóteses, um split-a-baby (divisão concordaria básica).

Ao prevalecer o jogo de barganha posicional, adotamos várias táticas de "ganha-perde, tais como o engano e manipulação psicológica a autoridade superior, e a exploração do instinto de reciprocidade que são todas manobras no jogo de negociação posicional

A Barganha posicional pode levar à desconfiança, defensividade, e a afirmação do poder sem comunicação e isolamento. Barganha posicional também engloba uma ética minimalista. Caracterizada por não compor integrações. Estamos em conformidade com as restrições só porque temos, não porque vêmos como formas de melhorar a qualidade da cooperação e benefício mútuo. A atitude torna-se fundamental: "o que é meu é meu. O que pode ser seu é meu se eu quiser que seja. " Seria mais ou menos assim: Lhe convencer externamente sem com que se quebre alguma regra.

Entrando com a negociação centralizada de interesses

Uma empresa de grande compromisso econômico e social, com o interesse da negociação centralizada, fornece a base sobre uma forte cultura ética que pode ser construída e expressando um modelo de aspiração. Mas aqueles que dizem "sim" a seus ideais nem sempre sabem como fazer para colocar isso em prática, especialmente se eles agem fora de um espírito de barganha posicional direcionado.

A competência dos interesses centralizados de negociação é uma parte essencial do conjunto de habilidades com as quais os objetivos éticos são fundamentais para sustentar os alicerces de uma missão, visão e objetivos que se crê como valores a serem empregados e defendidos numa Organização.

Um Programa de código de conduta e educação em seus termos de acompanhamento e execução, deverá ser composto em sua estrutura ética as premissas vinculadas de Governança, Riscos e Conformidades, que dará vida a este "esqueleto" de políticas, procedimentos, orientações e regras.

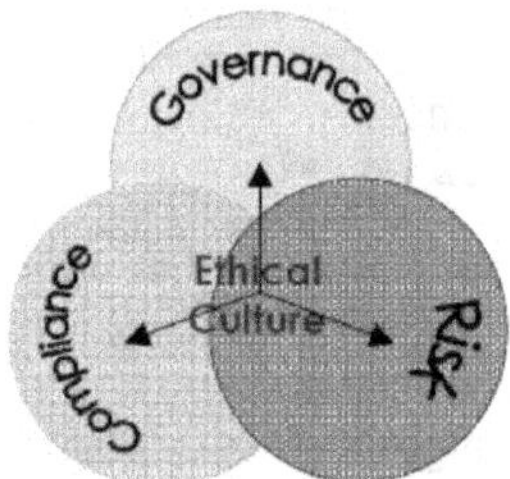

.Esse interesse esta centrado no pensamento de como foi ensinado por CMI Concord Grupo, que está intimamente relacionado ao comportamento moralmente responsável, que não é nada novo, ou seja: "Faça aos outros o que você quer que eles façam a você". O chamado interesse centrado ético esta também resumido na Prova Quádrupla escrita por Herbert Taylor na década de 1930, quando sua empresa estava em crise financeira, e que ficou famosa por Rotary Clubs em todo o mundo:

⇨ Esta é originalmente uma verdade?
⇨ É justo para todos os interessados?
⇨ Desencadeará uma boa vontade com melhores relacionamentos?
⇨ Será benéfico para todos os interessados?

As empresas podem fazer mais com menos custo e com maior lucro quando seus empregados estão imbuídos em saber como conseguirão obter informações sobre os interesses dos outros (clientes,fornecedores,colega de trabalho,etc) e desenvolver opções para satisfazer as necessidades dentro de um padrão de legitimidade.

Uma empresa ética respeita os interesses dos seus intervenientes, sejam eles empregados, associados fornecedores, clientes e comunidades maiores. Quando os funcionários mentem, enganam e, geralmente, desrespeitam os interesses dos outros, aqueles a quem a empresa confia irá cooperar apenas com relutância.

As empresas tendem a ter sucesso onde outros falham quando o respeito, a autenticidade e a profunda honestidade fazem parte de sua cultura. Uma cultura ética embasada no gerenciamento de interesses centralizados poderá ajudar a tornar possível este cenário com sucesso.

[K]

> Key Performance Indicator (KPI) – (Indicador Chave de Peformance)

Tipo de métrica que é usada para ajudar a gerenciar pessoas, processos, serviços ou atividades. Alguns sistemas gerenciais de informação(SIG) possuem instríscicos este recurso.

> KM (Gerenciamento do conhecimento)

Acrônimo para Knowledge Management. Representa um programa ou grupo funcional focado organizacionalmente para criação, apresentação e distribuição de informações, de modo a sensibilizar e despertar a aprendizagem. Programas de Gestão do Conhecimento são normalmente vinculados a determinados objetivos organizacionais e se destinam a alcançar resultados específicos.

Exemplo: A aplicação da Gestão do Conhecimento como inteligência compartilhada, para melhor desempenho, alcançando uma vantagem competitiva, ou níveis elevados de inovação em trabalhos conjuntos em diferentes tipos de atividades integradas.

> Knowledge Discovery (DK)

Processo no qual a informação que está incorporada em outros conjuntos de informações é descoberta, geralmente para ser combinada com outros artefatos de dados para resultar em uma visão de uma entidade. Também conhecido como mineração de dados – Data-Mining.

Governança de TI alinhada à Governança Corporativa

O GRC oferece benefícios derivados de uma abordagem corporativa e integrada dos processos aderentes à tecnologia, de modo a conseguir:

- Reduzir o custo, quando atividades redundantes são identificadas e aperfeiçoadas ou eliminadas;
- Reduzir a necessidade e o custo de reconciliar a informação em toda a organização;
- Reduzir falhas e erros, quando a integração cria um sistema holístico de controle;
- Aumentar a qualidade da informação a respeito dos riscos sobre a qual as decisões são baseadas;
- Melhorar a motivação dos funcionários como resposta à clara definição dos objetivos;
- Fornecer resultados confiáveis provenientes de ações e posições consistentes da organização;
- Garantir agilidade através de uma clara definição de quem executa qual atividade e em qual seqüência;
- Melhorar a gestão efetiva da expectativa dos stakeholders;
- Assegurar que as expectativas e os objetivos sejam cumpridos [6].

[L]

> **Latency (Latência)**

Em um sentido amplo, significa demora. O intervalo de tempo entre o momento que algo é iniciado e o momento de seu primeiro efeito. Mais especificamente, o tempo que leva para um pacote de dados ir de um ponto a outro.

> **Lessons Learned (Lições aprendidas)**

Processo de melhoria da atividade em que um projeto ou processo é avaliado pelos participantes na busca de informações que possam levar às melhorias ou revisões do processo.

> **Lifecycle (Ciclo de vida)**

Representa os estágios na vida de um programa, processo esforço de desenvolvimento, ou conjunto de dados.

> **Limitações Inerentes**

Limitações do gerenciamento de riscos corporativos. Dizem respeito a limitações do julgamento humano; restrições de recursos e a necessidade de se considerarem os controles de custos em relação aos benefícios esperados; a realidade que podem ocorrer falhas; e a possibilidade de neutralização de controles e de conluio pela administração

> **Logical Data Model (Modelo lógico de dados)**

Logical Data Model preenche a lacuna entre um modelo conceitual de dados e os dados físicos do modelo. São completamente desprovidas de base de dados e informações de nível, uma das características genéricas (tais como índices e chaves estrangeiras), sem acrescentar nada específico para um SGBD único. Já o Physical Data Models traduz informações de um modelo de dados lógico para os projetos que são específicos para um determinado DBMS/SGBD.

> **Loosely Coupled**

Uma abordagem flexível de arquitetura para a conexão entre dois ou mais sistemas de computadores que estão trocando dados. São consideradas úteis quando a origem ou destino os sistemas de computador estão sujeitas a mudanças freqüentes. Isto está em contraste com as conexões de acoplamento, que são menos flexíveis e mais difícil de mudar.

Por que a GRC é diferente dos tradicionais sistemas de indicadores de desempenho?

Uma das principais ferramentas de gestão de uma organização são os painéis de indicadores que disponibilizam informações, muitas vezes online, de vendas, custo operacional, nível de qualidade da produção, reclamações ocorridas, tempo de espera, etc.. Desta forma, é comum que surjam algumas dúvidas referente a qual a diferença entre um dashboard de GRC e os tradicionais painéis de indicadores? Primeiramente, deve-se observar que o conceito de monitoração de indicadores está associado a construir uma fórmula, extrair um valor objetivo de algum parâmetro a ser mensurado e disponibilizá-lo para decisores e interessados neste indicador.

Contudo, e quanto a todo o conhecimento que está disponível nos diversos documentos, relatórios, formulários, planilhas, atas, emails, avaliações, análises, telas de sistemas pareceres de uma organização que não são representáveis na forma de um número objetivo? Como fazer para coletar estas informações, atribuindo um maior grau de estruturação e permitir que eles possam dar uma maior visibilidade aos gestores do negócio do que está ocorrendo em cada instante? A figura a seguir ilustra esta idéia:

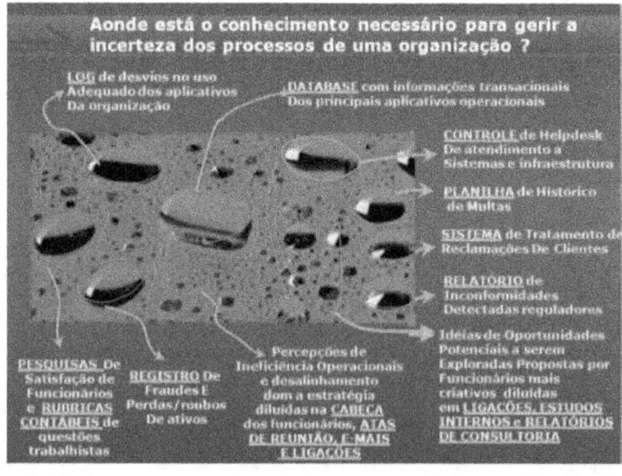

De forma a pragmatizar esta discussão pode-se pensar, por exemplo, em uma Unidade de Negócio que ao final de um semestre realiza uma quantidade de vendas abaixo da média da empresa. Esta informação está disponibilizada no painel de indicadores dos executivos sendo hoje sua principal fonte de informação para tomada de decisão. Como a GRC pode contribuir com este quadro? Que tipo de informação poderia ser disponibilizado num ambiente de GRC que complementaria este entendimento do que está ocorrendo?

A partir da implantação de um programa de GRC, o tomador de decisão poderia ter as seguintes informações:

1) notícias extraídas da área de clipping que influenciam na imagem local da empresa e certamente no consumo de produtos da região;

2) registros de problemas nas avaliações individuais de desempenho dos vendedores atuantes na região;

3) documentação de preocupações coletadas nas atas de reuniões regionais que indicavam incompatibilidades daquela região com um novo produto da empresa;

4) notificações de empresa de consultoria atuante na filial da região sugerindo a melhoria dos sistemas de informação instalados;

5) crescimento drástico do número de reclamações registrados na ouvidoria da região sobre a demora para recebimento dos produtos comprados; etc.

Não há dúvidas, que este tomador de decisão poderia fazer contato com todas as áreas apontadas e coletar as informações propostas para tomar a melhor decisão possível. Contudo, este é justamente o paradigma que a GRC deseja quebrar.

A proposta de GRC é, justamente, se conectar às diversas fontes de informação existente em uma organização, coletando continuamente as principais informações geradas nos silos funcionais e disponibilizá-las, em tempo real (ou quase real), nos painéis de indicadores e de monitoração de riscos. Busca-se, portanto, construir um ambiente de gestão com um grau de visibilidade e dinamicidade nunca antes visto para aqueles que estão tomando decisão [7].

[M]

> **Maintainability (Manutebilidade)**

Uma característica dos dados. A probabilidade de que uma ação de manutenção de um determinado item em condições de uso possa ser realizada dentro de um intervalo de tempo indicado quando a manutenção é executada sob condições estabelecidas através de procedimentos e recursos disponíveis.

> **Master Data (Dados mestre)**

Dados mestre são os recursos sobre a qual as transações comerciais possam agir. Dados mestre descrevem as entidades do núcleo de uma empresa que são usados por vários processos de negócio e sistemas de TI.

Exemplo:São as partes (por exemplo, clientes, funcionários, vendedores, fornecedores), lugares (por exemplo, locais de territórios de vendas, escritórios), e as coisas (por exemplo, contas, produtos, bens conjuntos, documento). Veja também Dados de Referência.

> **Master Data Management - MDM (Gerenciamento dos dados mestre)**

Uma abordagem estruturada para a definição e gestão de uma organização de dados mestre.

> **Metadata**

Dados sobre dados. A definição e aplicação de metadados depende do contexto. No contexto da gestão da informação, metadados é geralmente considerado como prestação de informações (comoo banco de dados pode armazenar, Que tipo de dados é? Quanto caracteres é o campo? Etc) sobre um elemento de dados. Dentro do contexto da governança de dados, o termo também inclui o "negócio" de metadados, como os nomes e funções dos administradores de dados. Repositórios de metadados são utilizados para armazenar e comunicar os metadados.

> **Metadata Administrator**

Um profissional de TI responsável pelo controle e manutenção de metadados e repositório de metadados.

> **Methodology (Metodologia)**

A coleção de métodos, procedimentos e normas que define uma abordagem para alguma coisa.

> **Metric (Métricas)**

Algo que é medido e indicado para ajudar a gerenciar um processo, serviço ou atividade

> **Middleware**

A camada de comunicação que permite interação de aplicativos entre hardware e ambientes de rede.

> **Milestone**

Representa um marco que é uma atividade com duração zero. É normalmente usado para observar o progresso, ou marcar o fim de um período.

> **Mirroring (Espelhamento)**

Representa a replicação de dados em diferentes computadores ou dispositivos para fornecer o desempenho de backup ou garantia da informação. Em um sentido de armazenamento, "espelhamento" refere-se a duplicação de dados em vários dispositivos de armazenamento em disco para fornecer cópia de segurança em caso de uma falha do sistema. Em um sentido à Internet, "espelhamento" refere-se a replicar o conteúdo de um site em um outro local para minimizar a carga no servidor principal, ou para acelerar a conectividade em uma região geográfica específica.

> **Model-Driven Architecture (Modelo de Arquitetura Orientada)**

Provêm de uma marca registrada da Object Management Group (OMG). Ele descreve a abordagem proposta da OMG para a separação de negócios de nível de funcionalidade das nuances técnicas da sua execução A premissa por trás de OMG's Model-Driven Architecture e da vasta família de modelo orientado a abordagens (MDA) é permitir que empresas de nível de funcionalidade a ser modelado pelos padrões , como a Unified Modeling Language (UML) no caso de OMG's; permita que os modelos que existem independentemente de plataforma induzida por restrições e exigências, possam em seguida instanciar os modelos em implementações específicas de execução, com base na plataforma alvo de escolha.

Porque os problemas para serem resolvidos em GRC se tornaram mais importantes agora? O que mudou?

Primeiramente, não há dúvidas que as diversas mudanças ocorridas no ambiente de negócios aumentaram significativamente a complexidade, dinamicidade e importância das decisões de planejamento e otimização da alocação de recursos (pessoas, processos, sistemas e infra-estrutura) de uma organização. A figura abaixo ilustra alguma destas mudanças:

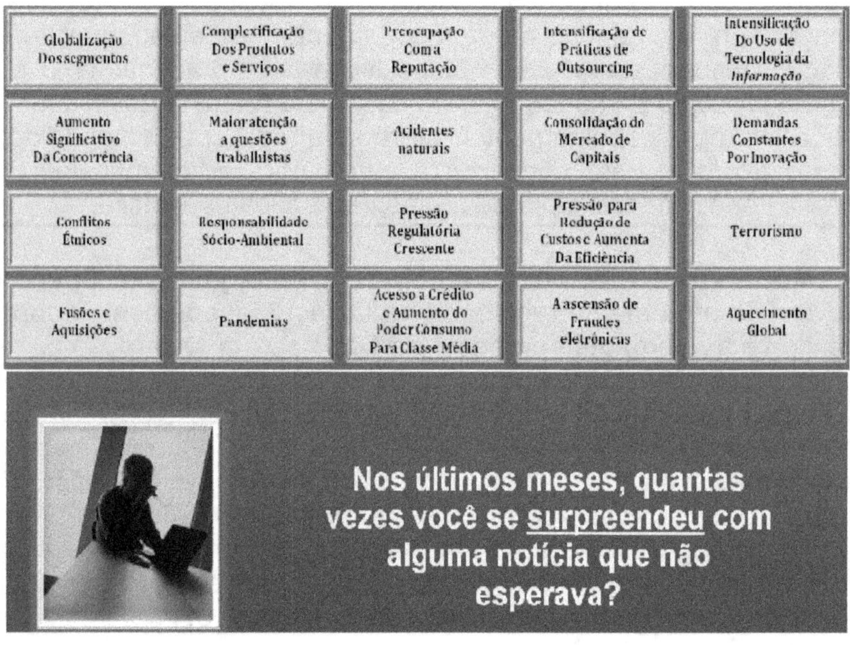

[N]

> National Institute of Standards and Technology (NIST)

Agência do Departamento de Comércio dos E.U.A que desenvolve e promove as medidas, normas e tecnologia, e gere o Prêmio Malcolm Baldrige National Quality.

> Neutralização pela Administração

A neutralização de políticas ou procedimentos estipulados com finalidades escusas. Com a intenção de obter vantagens pessoais ou apresentação indevidamente melhorada das condições financeiras da organização, ou da sua situação quanto ao cumprimento de regulamentações e leis (contrastar esse termo com Intervenção da Administração).

> Non-Functional Requirements (Requisitos não – funcionais)

Uma exigência que especifica um aspecto do sistema que não estão diretamente relacionadas ao comportamento, tais como confiabilidade, durabilidade e desempenho..

> Normalization (Normalização)

Processo de conversão de estruturas de dados complexas em simples, de estruturas estáveis de dados.

> Null Value (Valor nulo)

Um tipo especial de valor para um campo em um registro de dados. Um valor nulo indica que o valor para esse campo está ausente, desconhecido.

Construindo um Repositório de Inteligência GRC

A idéia da construção de um repositório (ou inventário) de ocorrências, incidentes, eventos, problemas, demandas ou sugestões, é uma prática que já vem sendo disseminada em diversas iniciativas como backlogs, helpdesk, call centers, ouvidorias, etc.. Em todos estes casos, objetiva-se manter um registro de questões (issues ou concerns) a serem solucionadas de forma estruturada, reutilizadas quando da recorrência de algo de natureza semelhante e gerenciadas com estatísticas e indicadores. O Repositório de Inteligência GRC tem o desafio de se tornar algo corporativo, e, portanto, mais amplo se tornando o elemento de convergência entre estes inventários específicos de natureza funcional com as demais fontes de informação estruturas (indicadores de desempenho, por exemplo) e não estruturadas (documentos, relatórios, formulários, planilhas, e-mails, atas, sistemas, sites). Exemplos da natureza das informações registradas neste repositório são: Investigações, incidentes, questões, eventos, fatos, reclamações, recomendações, preocupações, perdas, dentre outros

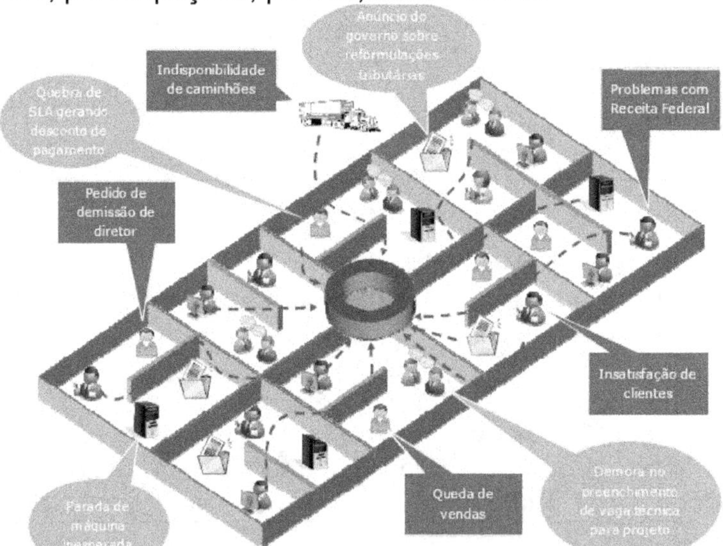

Uma vez que as áreas tenham sido mobilizadas para criação deste repositório, o grande desafio consiste em avançar de uma simples listagem de registros de problemas para a criação de conhecimento organizacional que extrapole as barreiras dos silos funcionais. Tal atividade é de grande complexidade uma vez que as informações recebidas são provenientes de praticamente toda a organização sendo, portanto, inter-relacionadas, heterogêneas, com diferentes formatos, níveis de detalhamento, periodicidade de atualização, dentre outros. A figura e a tabela a seguir ilustram esta visão de estruturação da coleta de Informação para o Repositório de Inteligência de GRC:

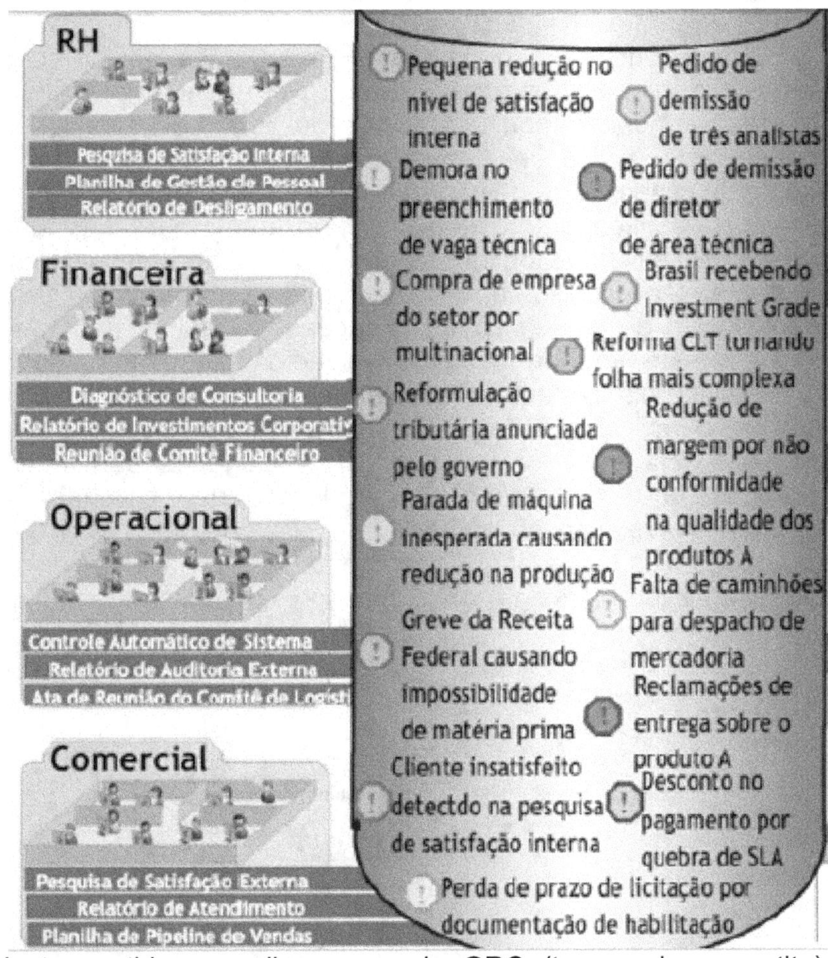

Neste sentido, uma linguagem de GRC (taxonomia e apetite) é de fundamental importância para assegurar que estas informações possam ser agregadas e acessadas de forma rápida e consistente. Por outro lado, também é importante que os coletores de fontes de informação sejam calibrados adequadamente de forma que este repositório efetivamente filtre as principais informações geradas nos silos funcionais, não se constituindo em redundâncias das fontes originais. Funcionalmente, deve-se definir uma área para ser gestora desta base, realizando as seguintes tarefas: validação das informações cadastradas, assim como de suas classificações; limpeza de ocorrências que tenham sido cadastradas de forma redundante; identificação da relação entre ocorrências; análise das informações e sugestão de encaminhamento; aprendizado com os padrões de surgimento de ocorrências; avaliação do uso das informações geradas por decisores, dentre outros.

A GRC aponta para um cenário de sistemas de informação com baixa latência e tempo de resposta reduzido em relação a novos eventos, possibilitando o monitoramento contínuo de eventos indesejados. Desta forma, uma das aplicações mais avançadas de GRC consiste na implantação de sistemas de gestão orientados a evento, aonde eventos fora do apetite de risco da empresa ou que possam sinalizar tendências de alterações significativas na lógica do negócio pode ser detectado e resolvido imediatamente. Observa-se também, uma tendência à interligação entre este Repositório de GRC com aplicações de CEP (Complex Event Processing). Neste tipo de aplicação diversos algoritmos são definidos (como Redes Neurais, Sistemas Bayesianos, etc.) para analisar as fontes de informação e identificar padrões de repetição de seqüência de eventos (ou ocorrências). Desta forma, automatiza-se a inteligência para interpretação deste Repositório de Inteligência assegurando que aprendizado esteja sendo gerado em relação ao padrão de coleta de ocorrências e o tipo de resultado obtido. A figura a seguir, apresentada por Tim Bass em CEP and SOA: An Open Event- Driven Architecture for Risk Management ilustra esta idéia:

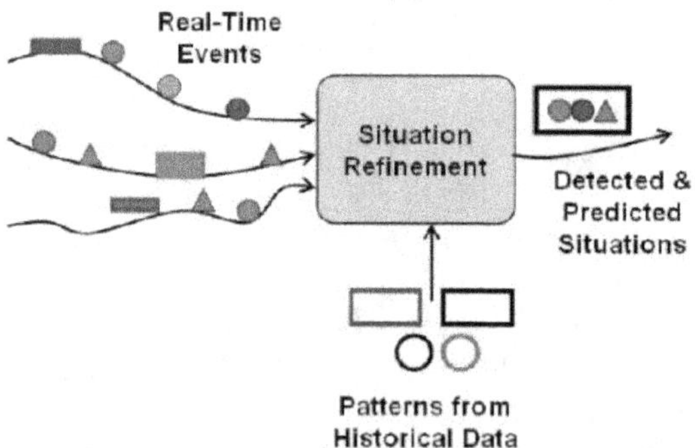

Finalmente, observa-se que um Repositório de Inteligência de GRC que conecte, de forma consistente a oferta de informações dos silos funcionais com a demanda de informações de decisores é um diferencial competitivo imprescindível para empresas que esperam obter sucesso neste ambiente empresarial tão dinâmico e complexo [7].

[O]

> Object (Objetos)

Em um contexto de modelagem de dados, representa pessoa, lugar, coisa ou conceito que tem características de interesse para um ambiente. No contexto de um sistema Orientado a Objetos, um objeto é uma entidade que reúne descrições de dados e comportamento.

➢ Object Management Group (OMG)

Object Management Group é o grupo da indústria dedicada a promover a tecnologia orientada a objetos (OO) e sua padronização.

➢ ODBC (Conectividade para base de dados)

Acrônimo para Open Database Connectivity.

➢ ODS (Armazenamento operacional de dados)

Acrônimo para Operational Data Store. Um banco de dados projetado para integrar dados de múltiplas fontes, para fins de facilitar as operações, análises e relatórios. Como os dados provém de várias fontes, a integração envolve freqüentemente a limpeza, a resolução de redundância e de aplicação da regra de negócio. Considerando que um Data Warehouse geralmente armazena dados agregados, uma ODS normalmente é projetado para conter baixo nível ou atômica (indivisível) de dados, tais como operações

> OLAP (Processo analítico on-line)

On-line Analytical Processing

> OLTP (Processo de transação on-line)

On-line Transaction Processing. Tarefa tradicional de sistemas de gerenciamento de banco de dados relacional: o processamento de transações como parte do dia-a-dia, como compras, folha de pagamento, serviços bancários, reservas, etc

> On-line Analytical Processing (OLAP)

Um processo que permite a uma pessoa, usando um aplicativo, analisar os dados armazenados em um banco de dados ou repositório de dados, em tempo real. O foco está na análise e tomada de decisão. OLAP está em contraste com OLTP (On-Line Transaction Processing), que é usado em sistemas transacionais.

> Ontology (Ontologia)

Representa a conceptualização ou especificação de um domínio de conhecimento. Uma ontologia é um vocabulário controlado que descreve os objetos e as relações entre eles de uma maneira formal. Possui uma gramática para o uso do vocabulário de termos para expressar algo significativo dentro de um domínio específico de interesse.

> Open Architecture (Arquitetura aberta)

Quando um fabricante publica especificações para alguma tecnologia, onde possa utilizar esta arquitetura abertamente. Isso permite que outras empresas possam criar add-ons para melhorar e personalizar a máquina, e para tornar os dispositivos periféricos que funcionam corretamente com ele. Com uma arquitetura fechada, apenas o fabricante original pode fazer add-ons e demais periféricos.

> Open Database Connectivity (ODBC)

Um padrão para acesso à base adaptado pela Microsoft a partir do consórcio SQL Access Group.

> Organizational Change Management (Gerenciamento de mudanças organizacionais)

Objetiva ajudar as pessoas em toda a organização a aprender novos comportamentos e poder adaptar-se a uma transformação ou mudança importante.

> Outsource

Transferindo a prestação de um conjunto de serviços internos para um provedor de serviços externos.

Gestão do Conhecimento e Inteligência Competitiva na Governança Corporativa e de TI

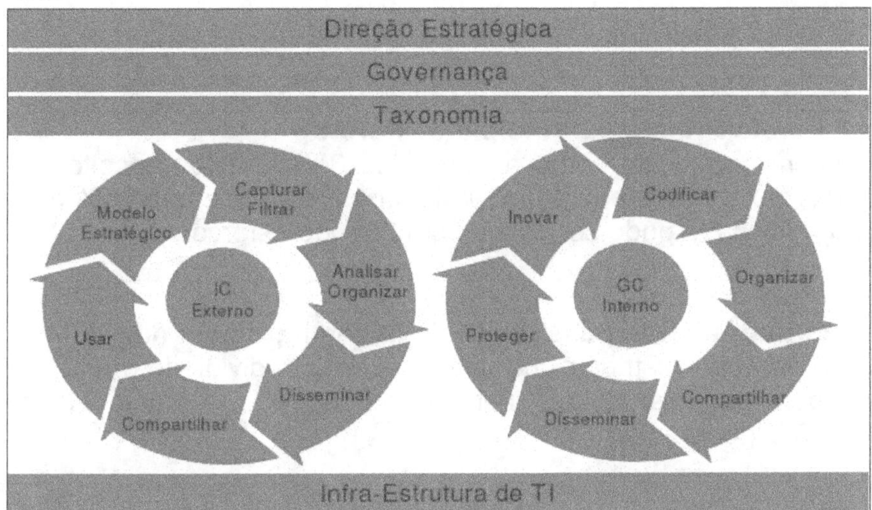

Gestão de Conhecimento e Inteligência Competitiva podem ser implementadas de diversas maneiras dentro de uma organização, mas para garantir o sucesso de implementação e institucionalização de Gestão de Conhecimento junto as boas práticas de Governança são necessários:

⇨ Alinhamento com os objetivos estratégicos da empresa;
⇨ Forte mudança cultural;
⇨ Implementação de novos processos informais e formais;
⇨ Uso de tecnologias de informação e comunicação;
⇨ Governança bem articulada e estruturada;
⇨ Envolvimento de pessoas experientes
⇨ Medição de resultados [8]

> Parent-Child Relationship (Relacionamento de entidades filho)

Representa o relacionamento hierárquico entre as entidades de dados, onde um deles (o filho) só pode existir se o outro (o pai existe). Por exemplo, uma cidade é a "criança" para um "pai" do estado ou país.

> Pareto Principle (Princípio de Pareto)

Também conhecida como a regra dos 80/20. Este conceito é utilizado para priorizar as atividades, O Princípio de Pareto diz que 80% do valor de qualquer atividade pode ser criado com 20% do esforço.

> Partitioned Database (Base de dados particionada)

Uma forma de distribuir um banco de dados, dividindo-o em segmentos que podem ser distribuídos para as diferentes unidades funcionais ou localizações geográficas.

> Performance Testing (Teste de performance)

Testes conduzidos para avaliar a conformidade de um sistema ou componente com requisitos de desempenho especificados.

> Persistent Data (Dados persistentes)

Dados que são utilizados para a execução de um determinado programa ou rotina. Ela fornece os registros da empresa e está disponível para reutilização.

> Physical Data Model (Modelo de Dados Físico)

Representa um modelo de dados que é otimizado para um SGBD específico. Enquanto Conceptual Data Models são completamente desprovidas de base de dados com informações e características genéricas (tais como índices e chaves estrangeiras), sem acrescentar nada específico para um SGBD único. Physical Data Models traduz informações de um modelo de dados lógico para os projetos que são específicos para um determinado DBMS.

>PKI (Infraestrutura de chave pública)

Acrônimo para Public Key Infrastructure. A combinação de software, tecnologias de criptografia e serviços destinados a proteger a segurança das comunicações e transações comerciais na Internet

.

> Plan-Do-Check-Act (Ciclo PDCA)

Também chamado de Ciclo de Deming. Um ciclo de quatro fases para o processo de gestão, concebido por Edward Deming, sendo: Planejar Fazer, Checar e Agir

> Planned Downtime (Planejamento de baixo tempo)

Perda computacional prevista de uso do sistema devido à manutenção (tais como alterações de dados ou arquivo de trabalho do aplicativo), as tarefas operacionais (tais como backups de banco de dados), eventos periódicos (como o hardware / software / upgrades do sistema operacional ou teste de recuperação de desastres).

> Platform (Plataforma)

Qualquer base de tecnologias em que outras tecnologias ou processos são construídos e operados. Plataformas que ofereçam interoperabilidade, simplificando a implementação, e agilizando a implantação e promovendo a manutenção de soluções.

> PM (Gerente de Projetos ou Gerência de Projetos)

Acrônimo para Project Management or Project Manager

> Policy (Políticas)

Expectativas e intenções forrmalmente documentadas.

> Portfolio Management (Gerenciamento de Portfolio)

O processo de gestão de um conjunto de serviços e / ou aplicações para maximizar o seu valor e incluindo a necessidade de novos serviços / aplicações retirando os que já não são de valor ou não estão em conformidade com os planos estratégicos ou arquiteturas propostas.

> Portfolio of Services (Serviços de Portfólio)

Uma descrição publicada de todos os serviços de TI. conforme Catálogo de Serviços.

> Post-Compliance Paradigm Shift (Paradigmas de conformidades)

Mudança nas expectativas daquilo que não é mais aceitável do que simplesmente "fazer" o trabalho. Em vez disso, não somente para o trabalho que existe em um ambiente com os requisitos de conformidade, mas a execução do trabalho que está completo até que se possa: 1. Fazer, 2. Controlá-lo, 3. Documentá-lo, e 4. Realizar o Cumprimento daquilo que foi feito.

> Precision (Precisão)

Uma característica dos dados. Isso significa que os valores dos dados devem ser grandes o suficiente para apoiar a aplicação ou processo.

> Predictive Analytics (Análises preditivas)

Métodos dirigidos e não dirigidos para descoberta de conhecimento, baseando-se em algoritmos estatísticos, redes neurais e otimização de pesquisa para prescrever e prever ações baseadas na descoberta, verificação e aplicação de padrões de dados para prever o comportamento dos clientes, produtos, serviços, dinâmica do mercado e outras operações críticas de negócios.

> Privacy (Privacidade)

Em um contexto de dados, esta é a expectativa de que informações pessoais não serão indevidamente divulgadas

> Private Data (Dados privados)

Dados que contém informações pessoais e está sujeito aos regulamentos de privacidade e demais regras.

> Procedure (Procedimento)

Documento que contêm as medidas que especificam como executar um processo. Geralmente em alguns casos pode-se elaborar o chamado POP (Procedimento Operacional Padrão) para segmento de instruções/orientações.

> Process (Processos)

Uma série de atividades logicamente relacionadas ou sub-processos realizados para um determinado propósito

> Process Improvement (Melhoria dos processos)

Programa ou grupo funcional focado na melhoria do desempenho e maturidade dos processos da organização

> Process Maturity (Maturidade do processo)

Uma medida de quão confiável, eficiente e eficaz é um processo.

>Program (Programa)

Um conjunto de pessoas relacionadas e os esforços focados em um objetivo comum, juntamente com os projetos e infra-estrutura que os suporta, incluindo os objetivos, métodos, atividades, planos e medidas de sucesso.

> Project (Projeto)

Pode-se considerar como uma empresa que requer esforço concentrado, que é focada em um objetivo específico. Os projetos têm um começo e um fim e, normalmente, operam de acordo com um plano de base.

> Project Management Office (PMO) Leader

Uma organização que gerencia os conjuntos de projetos relacionados à TI, fornecendo orientações, melhores práticas, processos estruturados e pessoal treinado para um Project Management.

> Project Manager (Gerente de Projetos –GP)

Uma pessoa que gere esforço especial do do começo ao fim para execução e continuidade das atividades. O gerente de projeto direciona os esforços da equipe do projeto,delegando e gerindo os riscos e problemas, e serve como interface do projeto operacional para com a gestão empresarial.

> Protocol (Protocolo)

Um conjunto de convenções. Em um contexto de tecnologia de comunicações são mensagens, que regem as comunicações entre processos. Protocolo especifica a forma e o conteúdo das mensagens a serem trocadas/trafegadas.

> Pseudonymization (Pseudônimos)

Representa o processo de substituição de um campo pessoal (como o nome do paciente) dentro de um registro de dados com uma confidencialidade (pseudónimo). Ao contrário do anonimato, esta técnica permite que os dados possam ser rastreados até sua origem, e o valor *hash* resultante ou de pesquisa pode ser muito realista, sem ser real.

Entrevista - Governança gera vantagem competitiva

Práticas de governança corporativa e de gestão de risco são fundamentais para uma empresa estabelecer-se no mercado internacional de maneira sólida e com credibilidade. Mesmo em uma economia estável jovem como a brasileira, esses processos tendem a amadurecer e a se fortalecer de forma a tornarem-se tão importantes como o próprio core business da companhia. Estas afirmações de Waldemir Bulla, sócio diretor da consultoria Protiviti Brasil, demonstram a importância de processos transparentes para uma boa atuação no mercado.

Bulla destaca ainda outras vantagens da governança. *"Uma empresa é como uma pessoa: se você é uma pessoa que tem uma vida correta, quando vai ao banco pegar um empréstimo tem mais facilidade de conseguir melhores taxas ou um valor maior"*, exemplifica. Segundo ele, a governança permite que, com mais transparência, a empresa alcance mais respeito dos investidores, tanto locais como internacionais.

Bulla participou do programa "Panorama do Brasil", em entrevista aos jornalistas Roberto Müller e Márcia Raposo, diretora de Redação do DCI, e ao representante da rádio Nova Brasil FM, Milton Paes. Acompanhe os principais trechos da entrevista.

Roberto Müller: Somos um país realmente preparado para enfrentar um mundo globalizado, regulamentado, com boas práticas de governança corporativa?

Waldemir Bulla: Eu acho que nós temos de contextualizar o cenário. O Brasil, como eu sempre falo, é um país jovem em termos de globalização. Temos, aproximadamente, 20 anos de abertura econômica e então as práticas de governança, na minha opinião, estão evoluindo bastante.

É evidente que alguns setores estão mais preparados do que outros, mas, sem dúvida, hoje existe uma preocupação muito forte com governança corporativa. Eu sempre falo que governança e gerenciamento de riscos são fatores de vantagem competitiva para as empresas. Quando me perguntam por que implementar boas práticas de governança ou por que gerenciar riscos, eu digo que isso significa dinheiro no bolso.

Uma empresa é como uma pessoa: se você é uma pessoa, um profissional, que tem uma vida correta, quando vai ao banco pegar um empréstimo, ou alguma coisa do tipo, tem mais facilidade de conseguir melhores taxas ou um valor maior. A governança corporativa permite isso, que você consiga ter mais transparência, visibilidade, consiga mais respeito dos investidores, tanto locais como internacionais.

O Brasil está evoluindo bastante. O que eu tenho visto nessa experiência de mais de 20 anos é que realmente as empresas estão preocupadas com isso, principalmente porque, quando você vive em um ambiente globalizado, os requisitos internacionais e as boas práticas têm de estar inseridos no contexto das empresas.

Milton Paes: Como é essa questão nas empresas familiares? Elas estão percebendo cada vez mais as necessidades da governança corporativa? A visão das empresas familiares vem mudando ou ainda há aquela visão de administração de pai para filho?

Waldemir Bulla: Há uma evolução bastante interessante. Nós temos feito vários trabalhos para empresas familiares justamente para estruturar seu modelo de governança e deixar a empresa preparada para o seu crescimento, independentemente do modelo de negócio que ela tem.

As empresas familiares estão preocupadas em ter os quesitos de governança tal como se fossem uma empresa não familiar, porque elas conseguem perceber que vão ter uma vantagem. Ficam mais preparadas para uma eventual aquisição, para uma eventual fusão e até para serem adquiridas. Nós tivemos vários casos em que fomos contratados para arrumar a casa, ou seja, para preparar a empresa visando não só a que ela tenha uma estrutura melhor, mais enxuta, mais bem controlada, mas também com vistas a que ela seja, lá na frente, adquirida.

Márcia Raposo: Algumas empresas brasileiras grandes e de capital aberto têm surpreendido o mercado fortemente porque acabam revelando que tudo o que era bom não era tão bom assim. E são empresas que têm o crivo da Comissão de Valores Mobiliários (CVM) e da Bolsa de Valores. O caso mais recente de que eu consigo me lembrar é a Sadia, que anos atrás fez uma proposta para comprar a Perdigão - e em seguida ela acabou sendo comprada. E a Sadia é uma empresa que está na Bolsa com governança corporativa e tudo mais. O que acontece com essas empresas grandes para que elas surpreendam desse jeito os investidores?

Waldemir Bulla: Eu acredito que a grande questão é ter indicadores do seu negócio de forma a que se consiga controlar e administrar o seu apetite por risco. O caso que nós vimos da Sadia é um caso em que, apesar de todas essas regras e de todas essas características de empresa aberta, o apetite por risco foi um pouco além daquilo que deveria ser. Ou seja, todas as empresas precisam ser ousadas nas suas operações, independentemente de serem listadas [na Bolsa de Valores] ou não. É evidente que quando a empresa é listada há um compromisso maior para com o público, já que é uma empresa transparente, uma empresa aberta. Um caso desses reforça a necessidade de que em primeiro lugar se tenha maior transparência nos processos, além de passar indicadores muito claros ao mercado de até que ponto a empresa está se expondo ou não. O exemplo do tamanho da alavancagem que ela tinha em relação aos derivativos era uma coisa muito preocupante. Talvez um pouco de ganância, enfim...

Roberto Müller: Mas aí falharam os mecanismos de transparência e as relações com investidores?

Waldemir Bulla: Eu acho que faz com que se volte a isso. Hoje todo esse cenário faz com que esses mecanismos sejam aprimorados e sejam mais transparentes.

Roberto Müller: Essas questões de transparência, governança e sustentabilidade vinham crescendo no Brasil, e a há uma discussão. Em meio à crise, há custos para manter as regras de governança, de boas práticas e de sustentabilidade. A crise e o aperto financeiro deverão aumentar a preocupação com a governança corporativa e com a sustentabilidade, ou diminuí-la e haver um certo relaxamento por falta de recursos?

Waldemir Bulla: Eu acho que não, volta à tona, esse assunto é reforçado.

Márcia Raposo: A crise expõe mais a empresa sob esse ponto de vista?

Waldemir Bulla: Ela faz com que você olhe melhor esses assuntos de governança, porque foi uma exposição muito forte, um baque muito forte, então precisa reforçar essa prática.

Milton Paes: Poderíamos dizer que essa crise serviu para que as empresas reavaliassem uma série de práticas e de questões? Se considerarmos a questão da Sadia, se não tivesse ocorrido crise, não teria ocorrido a fusão?

Waldemir Bulla: Sem dúvida, eu tenho certeza disso. Toda crise serve para refletir. Representa um ponto de reflexão na governança das empresas, elas têm de parar para olhar para si próprias e melhorar suas práticas de controle sobre operações sensitivas, processos de gestão de riscos, para saber até que ponto o apetite financeiro pode ir e até que ponto essas empresas estão pondo em risco os ativos da empresa. Também expõe a necessidade de que os executivos, os conselhos e os comitês estejam mais atentos a isso. É um ponto de reflexão positivo, um momento em que realmente a governança corporativa e a gestão de riscos exigem uma reflexão maior.

Roberto Müller: Essa questão da governança corporativa das empresas de capital aberto, listadas na Bolsa, nos Estados Unidos, era -ou é- levada tão a sério que as empresas abertas são chamadas de públicas. Qual é o limite da transparência? Hoje, a CVM discute se os executivos devem ter o seu salário e bônus revelados aos investidores. Então até que ponto se pode ir, qual é o limite da transparência das empresas abertas aqui no Brasil?

Waldemir Bulla: Existem regras para transparência e modelos que eu já acho que são bastante suficientes se aplicados e observados na forma como estão instituídos. A questão da transparência passa, na minha opinião, pelo core business da empresa. Muitas vezes, quando você é acionista de uma empresa, compra as ações porque a empresa é líder do setor. De repente, ela começa a fazer operações diferentes e você se pergunta se ela é um banco ou uma indústria. Essa é uma transparência importante. A questão das ofertas públicas iniciais (IPO) é bastante discutida porque muitos bancos auxiliam as empresas no IPO e acabam emprestando o dinheiro da oferta, e, quando você compra a ação dessa empresa, vai pagar uma parte da dívida com esse banco. Isso é comunicado, todo mundo sabe.

Roberto Müller: Isso é transparente?

Waldemir Bulla: É comunicado, todo mundo sabe. Talvez precise ser revisto. Na realidade, você está colocando um dinheiro parte do qual vai ser destinada a pagar o empréstimo com o banco financiador do IPO. Isso é uma prática que já existe e que pode ser discutida. Mas temos instrumentos no Brasil bastante interessantes em relação à transparência das empresas. Informações com relação ao trabalho de auditoria, ao trabalho de governança corporativa, enfim, aprimoramentos sempre vai haver.

Mas está ligado ao negócio da empresa e ao que ela está se propondo fazer. A crise contribuiu para que saíssemos de uma economia derivativa e caíssemos em uma economia real. E, cada vez mais, é importante que as empresas focalizem o seu core business. Se ela é boa naquilo, vai crescer naquele negócio, sem dar grandes tiros.

Roberto Müller: Com as taxas de juros que vinham sendo praticadas é difícil resistir, para quem tem sobra de caixa, a se comportar como um banco.

Waldemir Bulla: Isso é o apetite por risco. Mas tem de ver até que ponto se pode ir.

Márcia Raposo: O que nós temos visto neste momento de globalização forçada, de fora para dentro, do País, é que as empresas médias são as que mais estão se mexendo agora. As grandes já tinham uma interface muito grande com o exterior. Mas nós vemos que aquelas empresas médias que têm um importante potencial de crescimento do seu negócio estão procurando muito o trabalho de consultores e auditores. Você sentiu isso? Vê isso no mercado ou é apenas uma questão pós-crise?

Waldemir Bulla: O middle marketing é uma realidade, e boa parte do País está embasada nessas empresas. E, sem dúvida, se esse pessoal não se preparar, não evoluir, eles vão ter problemas. Assim sendo, há uma preocupação com evolução e com melhores práticas no mercado médio, com relação à governança e aos riscos. Isso é uma tendência e nós estamos vivenciando bastante os seus exemplos. Temos feito trabalhos para empresas familiares, médias, laboratórios farmacêuticos médios. Está todo mundo procurando melhorar a sua estrutura de administração de controles de governança.

Existem algumas ações do governo que favorecem a necessidade de se melhorar e de se mexer com isso, como, por exemplo, o Sistema Público de Escrituração Digital (SPED), que, na realidade, além de atender a uma necessidade fiscal, obriga a empresa a rever os seus processos. E quando você faz isso, identifica oportunidades de melhoria, de racionalização e de eficiência. Essas ações, ainda que impostas, têm um lado benéfico que, se bem aproveitado pelas empresas, pode melhorar a sua eficiência, melhorar os seus controles, não apenas atender a um requisito legal. Agora a gente vem com o SPED Contábil e Fiscal que é um passo para uma reforma tributária mais ampla, e para que as empresas tenham essa oportunidade.

As empresas médias, em função da própria globalização, não podem ficar de fora, têm de se modernizar. Quem não se modernizar não vai sobreviver. Depois da crise, existem as oportunidades disfarçadas. Ou seja, quando não há crise, todo mundo ganha; e, depois de uma crise, conseguimos ver quem é quem na economia.

Um exemplo que nós podemos citar publicamente é o da Gol. Quando houve aquele problema nos Estados Unidos, em 11 de setembro, o ramo de aviação passou por um período muito difícil. A tendência normal seria de tirar as atenções. A Gol comprou aviões, aproveitou um momento em que o cenário estava propício para negociações, preparou-se e, quando houve a retomada, ela estava preparada. Toda crise esconde oportunidades. Os empresários brasileiros são muito criativos, já passamos por diversas crises e estamos saindo dessa também.

Milton Paes: Quando uma empresa contrata uma consultoria para uma gestão de risco ou para uma auditoria, quando ela quer ou tem a perspectiva de vender, você alerta a direção dessa empresa em relação a tudo o que deve ser feito. Qual é a reação deles?

Waldemir Bulla: Temos de tomar cuidado na hora de fazer a abordagem com a empresa. Nós procuramos mostrar todos os benefícios que ela vai ter com aquele processo. Nos processos em que se busca uma melhoria de governança, uma melhoria de posicionamento, é evidente que o que você encontra é meio doloroso. Eu não tenho tido tanta resistência. Já que a mensagem é crescer e melhorar, embora em muitos casos haja algumas feridas muito fortes, há a preocupação de que existe o problema e que, se quisermos crescer, precisamos nos preparar.

Roberto Müller: A tendência no mercado brasileiro é de que estamos marchando para um capitalismo composto por uma grande maioria de empresas sem um controlador nítido aparente, chamado de capital pulverizado?

Waldemir Bulla: Eu acredito que sim. Somos jovens ainda. Se você fizer uma análise do percentual de investidores e de pessoas que participam do mercado financeiro e das Bolsas, é muito pequeno. Como também nós somos jovens em termos de economia e de abertura desse conceito todo, eu acredito que a evolução seja nesse sentido. Nós estamos em um processo de amadurecimento dessas práticas de governança, de novo mercado, enfim. É um processo constante. Acredito que vamos ter uma pulverização maior, vamos estar mais preparados. Diferentemente de anos atrás, nos que vêm pela frente, a tendência é cada vez mais começar a enxergar, uma vez que a maturidade do mercado está cada vez crescendo mais e isso parece irreversível.

Desde que esses padrões de governança sejam implementados e controlados, nós vamos continuar a ter percalços, porque isso é normal em qualquer negócio e em qualquer economia: os altos e baixos. Mas há uma tendência de solidificação do mercado financeiro e, conseqüentemente, vamos caminhar rumo a ter alguma coisa parecida [9].

[Q]

QA

Acrônimo para Quality Assurance. Processo responsável por obter a garantia de que a qualidade de um produto, serviço ou processo irá fornecer o seu valor ao qual se destina.

> ### QM (Gerenciamento da Qualidade)
Acrônimo para Quality Management.

> ### Quality Control (Controle de Qualidade)

Representa o processo, o grupo organizacional, e / ou o sistema de atividades técnicas que mede os atributos e desempenho de um processo, um item ou serviço contra os padrões definidos para verificar se cumprem os requisitos afirmados.

> ### Query (Consulta)

Pedido formal de informações específicas de um repositório de dados ou planilha ou banco de dados colocados por um usuário, às vezes por uma ferramenta operada por este usuário. Veja também SQL

Governética

Ser, estar e governar
Com gente, com jeito
Ontem já despertar
Agora é ser feito.

Se o risco perdura
Em conformidade deve estar
Auditar não é a cura
Mas amanhã deve melhorar

Lidar e governar
Avança com esperança
Na fusão em transformar
Assim: governança

Pense, logo planejo
Dimensione, entenda e execute
Controlar não é gerenciar
Mas saiba que além de delegar,
o importante é saber negociar.

[R]

➢ RDBMS (Sistema Gerencial da base de dados relacional)

Acrônimo para Relational Database Management System. Tecnologia de banco de dados que foi projetado para suportar o processamento de transações de alto volume (OLTP) e geralmente é a base para um data warehouse

> Real-Time Processing (Processo tempo real)

Processamento de dados que decorre um registro em certo tempo.

>Reconciliation (Reconciliação)

O processo de análise de dados relacionados com dois discos e, se existem diferenças entre eles, encontrar a causa e trazer os dois registros em acordo.

> Record Management (Gerenciamento de gravação)

Representa o processo ou organização responsável pela organização sistemática e gerenciado de armazenamento de fontes de informação até o final de seus ciclos de vida.

> Record Retention (Retenção de gravação)

Conservação de documentação histórica ou registros eletrônicos por um determinado período de tempo, geralmente determinado por lei ou outro tipo de exigência de cumprimento. Os programas e processos e políticas adequadas para decretar Gravação e Retenção.

> Recursive Referential Integrity (Integridade Referencial Recursiva)

Um tipo especial de "RI" (integridade referencial) que envolve apenas uma única tabela, "amarrado" a ele mesmo. Um conjunto de colunas que é configurada como uma chave estrangeira, referenciando a coluna de chave primária (s), mas de outro registro. Desta forma, uma hierarquia pode ser criada dentro da tabela.

Exemplo: Em uma tabela que armazena os produtos, um produto pode ser um subtipo de um outro produto.

> Reference Data (Dados referenciais)

Os dados que são usados para categorizar os outros dados (por exemplo, tabelas de códigos ou tabelas de pesquisa) ou para relacionar dados em um banco de informações além das divisões da empresa (matriz-filial). Dados de Referência podem ser considerados como os tipos mais simples de dados mestres.

> Referential Integrity

Representa o conceito das relações entre as tabelas aplicadas com base na definição de uma chave primária e chave externa. A existência de um valor em um conjunto de dados é dependente da existência do mesmo valor em outro conjunto de dados interligados. Implementa regras de integridade referencial em um banco de dados relacional de sistemas que são utilizados para preservar as relações entre tabelas quando você adicionar ou excluir registros.

Exemplo: Um estado não pode ser excluído de uma tabela contendo as cidades se os registros de endereços estão contidos neste estado.

> Regression Testing (Teste de Regressão)

Novo teste de códigos previamente testados após a alteração para garantir que as falhas não tenham sido introduzidas ou descoberto, como resultado das alterações introduzidas.

> Relational Database (Base de dados relacional)

Uma coleção de itens de dados organizados como um conjunto de tabelas formalmente descritas a partir do qual os dados podem ser acessados ou reagrupados em muitas maneiras diferentes, sem a necessidade de reorganizar as tabelas do banco de dados.

> Relationship (Relacionamento)

Uma associação entre as ocorrências de uma ou mais entidades. De 1-para-1, de 1 para muitos, muitos para muitos

> Release (Liberação)

Um release representa uma espécie de notificação formal e distribuição de uma versão aprovada do software.

> Release Management (Gerenciamento de liberações)

O processo responsável pelo planejamento, programação e controle de movimentação de lançamentos para ambientes de teste e produção. O objetivo principal do Gerenciamento de Liberação é garantir que a integridade do ambiente esteja protegida e que os componentes corretos são liberados. Gerenciamento de Liberação trabalha em estreita colaboração com a Gestão de Configuração e Gestão da Mudança. (Assuntos muito bem tratados nos capítulos do ITIL).

> Relevancy (Relevância)

Uma característica dos dados. Isso significa que os dados são significativos para a atuação do processo ou aplicativo aos quais são recolhidos

> Reliability (Confiabilidade)

A nível das informações que devem estar seguras, significa a capacidade de um sistema, processo ou parâmetro fazer aquilo que é esperado ou especificados em condições definidas e designadas em intervalo de tempo sem falhas.

> Replication (Replicação)

A cópia de dados de um armazenamento de dados ou site para outro. Normalmente, a replicação ocorre para melhorar os tempos de serviço de resposta e disponibilidade. A replicação é freqüentemente utilizada como parte de uma estratégia de backup e recuperação.

> Reporting (Reportação)
O processo de impressão ou exibição de informações contidas em um banco de dados. Estratégias de comunicação de informações que devem ser consideradas no projeto de bancos de dados, data warehouses, e outros tipos de armazenamento de dados.

> Repository (Repositório)
Em um contexto de dados, um repositório é um conjunto de informações. Repositórios de metadados, por exemplo, coletam metadados sobre os sistemas de TI, aplicativos ou outros assuntos.

> Request for Change – RFC (Mudança de Solicitações)
Conforme contexto do IT Service Management (ITSM) é um documento contendo um convite para um ajuste de um sistema. É um gatilho no processo de gestão da mudança.

> Requirement (Requerimentos)
Em termos gerais representa a declaração formal de que é necessário. Esta poderia ser uma condição ou capacidade necessária por um usuário para resolver um problema ou alcançar um objetivo, ou de uma condição ou capacidade que deve ser satisfeita ou possuída por um produto ou componente para satisfazer um contrato, norma ou especificação.

> Requirements Management (Gerenciamento de Requerimentos)
A gestão de todos os requerimentos recebidos ou gerados pelo projeto, incluindo técnicos e requisitos não-técnicos. Isso envolve a coordenação, a priorização, e às vezes, tecnologias.

> Requirements Traceability (Rastreabilidade de Requerimentos)

Representa a evidência de uma associação entre um requisito e seu requisito de origem, a sua aplicação, e sua verificação.

> Retire (Retirada, aposentar)

Para retirar um aplicativo, de serviço, de uso no ambiente em produção.

> Return on Investment – ROI (Retorno sobre o Investimento)

Representa a medição dos benefícios esperados de um investimento. Calculada dividindo-se o aumento médio do benefício financeiro (assumiu um número acordado de anos), pelo investimento.

> Review (Revisão)

A avaliação de críticas em cima de mudanças de problemas. Processo, projeto, etc que são normalmente realizadas em pontos pré-definidos no ciclo de vida, e especialmente após o encerramento. A finalidade de uma revisão é assegurar que todas as entregas foram fornecidas e confirmadas como oportunidades de melhoria.

> RFID

Acrônimo para radio frequency identification – identificação por radiofreqüência) nada mais é do que um termo genérico para as tecnologias que utilizam a freqüência de rádio para captura de dados. Por isso existem diversos métodos de identificação, mas o mais comum é armazenar um número de série que identifique uma pessoa ou um objeto, ou outra informação, em um microchip. Tal tecnologia permite a captura automática de dados, para identificação de objetos com dispositivos eletrônicos, conhecidos como etiquetas eletrônicas, tags, RF tags ou transponders, que emitem sinais de radiofreqüência para leitores que captam estas informações. Ela existe desde a década de 40 e veio para complementar a tecnologia de código de barras, bastante difundida no mundo

> RFP

Acrônimo para Request for Proposal

> Risk (Risco)

A possibilidade de sofrer um prejuízo ou perda, ou as circunstâncias ou acontecimentos que têm o potencial para ter um impacto negativo.

> Risk Analysis (Análise de Riscos)

Representa a avaliação, classificação e priorização dos riscos, mediante conceitos de criticidade da informação, artefato, ambiente.

> Risk Assessment (Avaliação dos riscos)

Uma parte da Gestão de Risco, onde envolve os chamados ativos, aos quais estes ativos, são analisados sobre a perspectiva de alguma vulnerabilidade existente em termos lógicos, físicos ou naturais se tornarem verdadeiras ameaças

> Risk Identification (Identificação dos riscos)

Uma organizada e profunda abordagem de situações, preocupações, circunstâncias ou eventos que podem impedir que o projeto avance conforme o previsto.

>Risk Management (Gerenciamento de Riscos)

Em um sentido amplo, significa avaliar, minimizar e prevenir as conseqüências negativas de uma ameaça em potencial. O termo "Gestão de Risco" tem significados muito diferentes que podem afetar programas de Governança de Dados. A nível empresarial, o "risco" refere-se a muitos tipos de riscos (operacional, financeiro, conformidade, etc); risco de gestão é uma responsabilidade fundamental dos Conselhos de Administração e equipes executivas. No prazo de instituições financeiras (ou no âmbito de um programa de GRC), Gestão de Riscos pode ser uma fronteira, que estará abrangendo departamentos que se concentram em risco para investimentos, empréstimos ou hipotecas. A nível do projeto, "Gestão de Risco" é um esforço que deve ser realizado como parte do Projeto de Gestão, focando os riscos para a conclusão bem-sucedida do projeto. Da perspectiva de Compliance / Auditoria / Controles representa "avaliações de risco" e

"Gestão de Risco" que são de alto esforço nas atividades incluídas no COSO, COBIT e quadros legais exigidos pela Lei Sarbanes-Oxley e outros esforços de conformidade. Programas de Governança de Dados pode ser solicitado para apoiar qualquer desses esforços de gerenciamento de riscos, e podem necessitar de entrada a partir destes dados para resolver as questões relacionadas.

>Risk Mitigation (Mitigação dos Riscos)

Ações desenvolvidas para redução de alguns riscos diminuindo a probabilidade de um risco afetar o projeto ou impactar novos riscos, caso ocorra.

>Role

Uma descrição de uma entidade (pessoa, equipe, departamento, etc) com um conjunto definível de responsabilidades.

>Rollout

Sinônimo de implantação. Na maioria das vezes usado para se referir ao complexo ou progressivamente implantações.

>ROM estimate

Acrônimo para Rough Order of Magnitude estimate..Para evitar a possibilidade de uma situação tão ineficaz, fornece-se uma ordem aproximada-de-Magnitude (ROM) .Estimativa de custos e tempo, quando os requisitos não são especificados nas fases iniciais do projeto A Estimativa ROM é baseada em documento de Visão, que inclui uma lista de recursos

.

A relação PDCA x GRC

Para que haja uma solidificação concreta e de credibilidade embasada em princípios defendidos e de continuidade segura, de geração para geração, além do exemplo, a perpetude das ações e atitudes, devem ser coerentes no inicio, meio e fim dos procedimentos estabelecidos para formação de um modelo capacitacional de governança.

As tribulações irão surgir, instabilidades de todo gênero. Os riscos existem para serem encarados, mas preponderando-se de medias que podem minimizá-los no decorrer da empreitada. Seja aos níveis pessoais, profissionais ou de negócio.

Somente haverá sentido de se defender regras, normas, diretrizes e missões se mesmo perante os riscos, esteja-se embuido plenamente do seguimento das conformidades vigentes e regulamentatórias aos processos, pessoas e tecnologias envolvidas em toda sua fase de maturidade empresarial e organizacional.

O acaso se fortifica se o planejamento não se identifica. Toda fase de um negócio ou projeto deve estruturar destes princípios aos quais se defende. Iniciar novas atividades, sem ao menos ter localizado os problemas remanescentes, estabelecendo o que fazer, como fazer e até onde chegar, não fará sentido para continuidade do estabelecimento dos planos de ação futuras, se nem os presentes foram satisfatoriamente resolvidos. São riscos perigosos de se correr, de certo modo irresponsável.

O ato de gerir a governança é uma arte. E deve ser conduzida para execução coerente das conformidades que dela se espera para execução dos diversos Planos existentes na esfera cooperativista de uma Organização, seja qual área for.

E aquilo que se deseja gerenciar deve ser medido. Os status de progresso, o controle, acompanhamento dos recursos e atividades, delimitarão patamares palpáveis do que esta ocorrendo e para onde está realmente indo. Com probabilidades cada vez menores de perder mais do que deve e ganhar menos do que se espera.

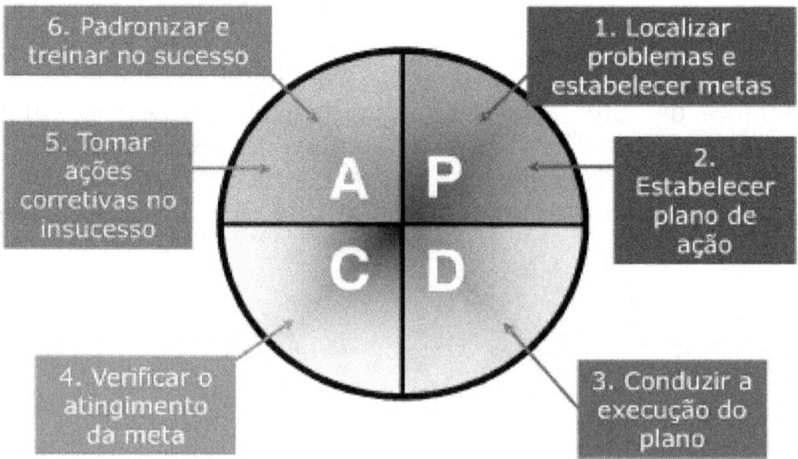

> SaaS
Acrônimo para Software as a Service. Ao invés de comprar uma licença de software para um número de usuários ou CPUs e, em seguida, "proprietária" de um software por algum tempo predeterminado. Software como serviço estabelecem acordos que permitem que os usuários possam pagar por um "pedaço" de software em uma base por usuário.

> Sandbox (Caixa de areia)
Um lugar para a experimentação. Em um contexto de TI, uma caixa de areia é um ambiente de teste que isola as alterações de código não testado e experimentação do ambiente de produção. Sandboxes têm controles de segurança diferente do que vivemos / ambientes de produção.

> Scalability (Escalabilidade)
Capacidade que determinado equipamento possui para receber implementações evitando que se torne obsoleto ou deixe de atender às necessidades do usuário. Podem incluir, por exemplo, aumento de quantidade de memória, troca de discos ou processador, entre outros.

> Schema (Esquema)
Uma representação esquemática da estrutura de alguma coisa. É a definição lógica e física dos elementos de dados, características físicas e inter-relações. No contexto de modelagem de dados, refere-se a uma especificação de como um banco de dados é fisicamente organizado (também chamado de visão lógica de um banco de dados). Ele inclui todos os elementos nas bases de dados e como estes elementos logicamente se relacionam entre si.

> SCM

Acrônimo para Supply Chain Management. É a fiscalização dos materiais, informação, finanças e como eles se movem em um processo do fornecedor para o fabricante.

> Scope (Escopo)
É todo o trabalho a ser realizado para fornecer um produto ou serviço, de acordo com as especificações fornecidas

.

> Scope Change (Mudança de escopo)
Qualquer alteração no escopo do projeto aprovado em que haja um impacto substancial sobre o projeto.

> Scope Statement (Declaração de escopo)
Uma definição clara e concisa do esforço para ser abordada, ela forma a base para um acordo entre o projeto e o cliente do projeto no âmbito do trabalho.

>SD
Acrônimo para Software Development

> SDLC
Acrônimo para Software Development Life Cycle

> SDLC
Acrônimo para Software Development Life Cycle

> Second Normal Form
Representa o resultado da normalização para assegurar que um modelo de dados não contém dependências chaves parciais.Na prática, quando as entidades têm chaves compostas, deve-se procurar qualquer atributo que é dependente de apenas uma parte da chave.

> Secure Sockets Layer (SSL)

É uma tecnologia de segurança que é comumente usada por um servidor seguro para transações

____

> Segment (Segmentação)

Um segmento é uma parte de um fluxo de dados, começando ou terminando com uma cisão / fusão de dados

____

> Segregation of duties (Direitos de segregação)

Um controle que divide a execução de uma atividade em várias funções que são atribuídas a pessoas diferentes.

> Semantics (Semânticas)

Em um sentido amplo, representa o estudo do significado. As relações de personagens ou grupos de caracteres para os seus significados, independente da forma de sua interpretação e utilização. Contrasta com a sintaxe. No contexto da Tecnologia da Informação, capacidade Semântica oferece tecnologia para extrair informações de dados e de valor decorrente de coletas de informações de uma organização..

____

> Sensitive Data (Dados sensiveis)

Dados que podem ser privados, pessoal ou de propriedade e deve ser protegida contra acesso não autorizado.

____

> Sequence Diagram (Diagrama de sequencia)

Um diagrama UML que mostra os processos que são executados em seqüência

____

> Service Catalogue (Catalago de serviço)

Um documento listando todos os serviços de TI, com informações resumidas sobre os seus SLAs e clientes. O Catálogo de Serviços é criado e mantido pelo prestador de serviços de TI e é usado por todos os processos de IT Service Management.

> Service Delivery (Entrega de services)

O núcleo de Processos de IT Service Management, que tem um foco tático ou estratégico. Contido em ITIL Service Level Management, Capacity Management, IT Service Continuity Management, Availability Management, Gestão Financeira e de Serviços de TI. Entrega de Serviços é também utilizado para significar a entrega de serviços de TI para clientes. Muito empregado pelo ITIL.

> Service Desk (Suporte a services)

Como parte de um Call Center, a Central de Serviços é o único ponto de contato entre o prestador e seus usuários. Um típico Service Desk gerencia os incidentes e solicitações de serviços, e também cuida da comunicação com os usuários. Muito empregado pelo ITIL.

> Service Desk Ticket

Termo genérico para um pedido ou ordem de alteração apresentadas para um Help Desk ou Service Desk

> Service Level Agreement – SLA (Acordo de nivel de serviço)

Um acordo entre um prestador de serviços e um cliente.

> Service-Oriented Architecture- SOA (Arquitetura Orientada a Serviços)

Um modelo para a construção de aplicações que separa a funcionalidade a partir da lógica de negócio do cliente. A funcionalidade do negócio é organizado como uma coleção de módulos (serviços), cada qual tem uma BusinessEntity(entidade de negócios) claras e rigorosas interfaces formais. Desta forma, permite que um solicitante possa mapear uma função a um serviço, e a interface permite que qualquer solicitador formal invoque o serviço sem qualquer informação sobre o seu design interno. Por trás da interface, a implementação do serviço pode ser um único programa ou um fluxo de vários programas e podem incluir as chamadas para um corretor de mensagens. (Definição do Gartner). A arquitetura orientada a serviços é um conjunto de serviços que se comunicam uns com os outros. Os serviços são auto-suficientes e não dependem do contexto ou estado de outros serviços. Eles trabalham dentro de uma arquitetura de sistemas distribuídos.

> SFA

Acrônimo para Sales Force Automation

> Simple Object Access Protocol - SOAP

Conforme a World Wide Web Consortium (W3C), a SOAP facilita a interoperabilidade entre uma mistura ampla de programas e plataformas.

> Six Sigma

Uma filosofia de gestão que se esforça para reduzir fora da especificação de produto ou serviço de entrega para o Seis Sigma (ou seja, menos de um em um milhão) de nível. Quando aplicado, é uma metodologia rigorosa e disciplinada, que utiliza dados e análise estatística para medir e melhorar o desempenho operacional da empresa, as práticas e sistemas. Ele é projetado para evitar defeitos. Originalmente aplicado à indústria transformadora e de serviços relacionados com os processos, ele pode ser aplicado à Tecnologia da Informação. O termo também se tornou uma frase que evoca estar perto da perfeição.

> Slice and Dice

Coloquialismo para a capacidade de acesso a um repositório de dados através de qualquer propriedade de suas dimensões

> SMART

Um acrônimo para as qualidades de um objetivo: específicos, mensuráveis, realizáveis, pertinentes e base de tempo.

> SMB

Acronônimo para Small and Medium-sized Business

>SME
Acrônimo para Subject Matter Expert

> Snowflake Schema
É semelhante a um esquema em estrela, exceto que as tabelas de dimensão são decompostas em uma estrutura de árvore. Essa hierarquia dimensional, que é normalizado em um conjunto de tabelas de dimensão menor, pode ser representado com um formato semelhante a um floco de neve

---

> Social Network Analysis (Análise de rede social)
O uso da informação e do conhecimento de muitas pessoas e suas redes pessoais, que envolvem coleta de quantidades maciças de dados de várias fontes, analisando os dados de relacionamentos e mineração para novas informações.

> Software Asset Management (Gerenciamento de ativos de software)
O processo responsável pela gestão, controle e proteção de ativos de software em todo seu ciclo de vida.

> Software Developer (Desenvolvedor de softwares)
Profissional que cria e mantêm sistemas de aplicação. Representa também um grupo funcional, responsável pelo desenvolvimento, customização e manutenção de aplicações e sistemas de software. Também conhecido como Desenvolvimento de Aplicações, Engenharia de Software e Desenvolvimento de Sistemas

>Software Development Life Cycle - SDLC
Uma abordagem sistêmica para resolução de problemas e é composto de várias fases, cada uma composta por várias etapas: fases típicas incluem

Planejamento / Iniciação, Engenharia de Requisitos, Business Design, Técnico de Design, Construção e Teste.

> Software Engineering (Engenharia de Software)

Um grupo funcional, responsável pelo desenvolvimento, customização e manutenção de aplicações e sistemas de software. Também conhecido como Application Development, Desenvolvimento de Software e Desenvolvimento de Sistemas.

➢ SOX (Sarbanes-Oxley)

Administrado pela Securities and Exchange Commission (SEC), em 2002, SOX regulamenta os registros financeiros das empresas e prevê sanções para os abusos. Ela define os tipos de registros que devem ser conferidos e por quanto tempo. Ele também lida com a falsificação de dados. Assim como questões que afetam as capacidades de armazenamento de dados e planejamento. A SOX foi promulgada após os escândalos da Enron e WorldCom da década de 2000. O projeto foi patrocinado por Paul Sarbanes, o senador democrata de Maryland e, adicionalmente, o autor antes da passagem por Michael Oxley, o senador republicano de Ohio.

➢ Sparse

Uma tabela que tem relativamente um pouco de todas as combinações possíveis de valores de chave.

> Specification (Especificações)

A definição formal de requisitos. A especificação pode ser utilizada para definir os requisitos técnicos e operacionais, e pode ser interna ou externa.

> Split/Merge

Uma cisão / fusão é um objeto que se divide em um fluxo de dados em diversos fluxos de dados para que ele possa enviar tais dados para destinos diferentes, ou funde-se os fluxos de dados de fontes diferentes em um fluxo de dados.

> Staging Area

Um lugar onde os dados são movidos para ficarem em preparação para movê-lo para seu destino final (como um Data Warehouse). Áreas de teste são muitas vezes necessárias quando é demasiado ou arriscado para mover dados diretamente para o seu destino sem antes analisá-la, ou quando outras operações devem ser executadas sobre os dados. Nenhum usuário atualizará ou análise será realizada sobre os dados na área de teste, mas sim o seu conteúdo é acessado apenas através de meios de programação (por exemplo, transformação de dados ou utilitários de limpeza

> Stakeholder (Partes envolvidas)

Indivíduos ou grupos com interesse no produto final, um grupo ou indivíduo que tem interesse em, executar algo, ou seja, de alguma forma responsável para o resultado de uma empresa.

> Standard (Padrões)

Um conjunto de critérios para um processo, atividade ou objeto contra o qual o resultado será medido. Políticas podem requerer a adesão às normas particulares.

> Subject Area

Área temática, ou domínio, que representa uma parte de um modelo de dados que descreve um conjunto de entidades relacionadas. Exemplos são os clientes, ou Produtos..

> Subschema

Um subconjunto de um modelo de dados maior, consistindo de um pequeno conjunto de elementos de dados. Esquemas parciais são muitas vezes criados para apresentar filtros, exibições manejáveisl para programadores de aplicação ou de outros..

> System

Uma série de coisas relacionadas que trabalham juntos para alcançar um objetivo global. Por exemplo: Um sistema de computador, incluindo hardware, software e aplicativos. A gestão do sistema, incluindo os vários processos que são planejados e geridos em conjunto.Um Sistema de Gestão da Qualidade, a Database Management System ou um Sistema Operacional, que inclui módulos de software que são projetados para executar um conjunto de funções relacionadas.

➢ System Integrator (Integração de sistemas)

Uma organização ou um indivíduo que realiza a integração do sistema. Grandes projetos de integração de sistema, muitas vezes exigem o auxílio de uma empresa especialista que tem os recursos e competências para gerir um plano de projeto que pode durar por vários meses ou mesmo anos. Que em geral, também pressupõe um elevado grau de riscos do projeto.

> Systems Architecture (Arquitetura de sistemas)

Representa o processo e programa voltado para a integração das tecnologias para definir e descrever as interfaces, os parâmetros e protocolos.

Governança Eletrônica

Considerando a internet como um dos importantes instrumentos dos governos na sociedade da informação, aborda-se aqui o governo eletrônico enquanto inovação institucional inserida na política de governança eletrônica, englobando canais de acesso a informações públicas e de comunicação entre governantes e governados.

Os processos de reforma do aparato estatal tiveram, em grande medida, enfoques voltados para a tecnologia e a gestão da informação para otimização de tarefas e processos, que até pouco tempo antes, não eram possíveis

À medida que as TIC's se disseminaram pelo Estado, as próprias relações deste com a sociedade passaram a ser influenciadas. Dessa forma, as relações de governança e governabilidade foram gradualmente alteradas. Considerando que a governabilidade reflete as condicionantes do exercício do poder, a governança determina de que modo é exercida a autoridade política. Assim, a governança engloba, além do formato institucional e administrativo que determina sua capacidade de executar políticas públicas, os canais de interlocução e de troca de informações entre Estado e sociedade na concepção, execução e avaliação da ação estatal. A governança é condicionada pela instituição de canais de comunicação e de troca de informações que permitam a participação da sociedade na elaboração, acompanhamento e avaliação de políticas públicas, e pela capacidade da burocracia estatal de gerenciar esses canais. Já a governabilidade, é dependente do grau de *accountability* e responsividade dos governos, que refletem a capacidade destes últimos de serem responsáveis e responsivos.

Pode-se afirmar que existe a*countability*, ou seja, "os governos são responsáveis" quando "*os cidadãos têm possibilidade de discernir aqueles que agem em seu benefício, e podem lhes impor sanções apropriadas, de modo que os governantes que atuam em prol do benefício dos cidadãos sejam reeleitos, e os que não o fazem sejam derrotados.* " Por outro lado, os governos são responsivos quando promovem os interesses dos cidadãos, escolhendo políticas "que uma assembléia de cidadãos, tão informados quanto o Estado, escolheria por votação majoritária, sob os mesmos constrangimentos institucionais. "

Quando se considera a importância das TIC's diante dos conceitos de governança e governabilidade, vários autores sugerem novos conceitos que consigam apreender a nova realidade estatal: governança eletrônica e governo eletrônico. Há grande controvérsia na literatura sobre esses conceitos, uma vez que alguns consideram a governança como um componente do governo eletrônico. Adota-se aqui, contudo, outra perspectiva. Entende-se o governo eletrônico (*e-government*) como o modo pelo qual as instituições se valem das TIC's para o incremento na oferta de serviços prestados pelo governo. Já governança eletrônica (*e-governance*), engloba as políticas, estratégias, visões e recursos necessários para efetivação do governo eletrônico, bem como a organização do poder político e social para utilizá-lo.

Confirma-se que vários estudos se concentram na prestação de serviços eletrônicos, relegando a questão da governança, da disponibilização de informações e do estabelecimento de canais de comunicação. Defini-se governança enquanto "a união dos cidadãos, pessoas-chave e representantes legais para participarem junto ao governo das comunidades por meio eletrônico. Dessa forma, a governança eletrônica ultrapassa o governo eletrônico, sendo este um dos meios de efetivar as definições e políticas daquela. Essa perspectiva permite reconhecer ainda a democracia eletrônica ou *cyberdemocracy*, como integrante da governança eletrônica. A democracia eletrônica lida com as interações entre governantes e governados e com as influências dos cidadãos sobre o parlamento ou o setor público, por meio eletrônico. A governança, de fato, ultrapassa os aspectos operacionais das políticas, incluindo elementos como mecanismos de agregação de interesses, de decisões políticas, de redes informacionais e de definições estratégicas.

Os diversos processos de reforma do Estado têm buscado alterar os graus e as formas de governança e governabilidade existente, essencialmente, pelo estabelecimento de novos desenhos institucionais. Dentre os objetivos desses novos desenhos, encontra-se a redução da assimetria de informações entre os diversos atores do jogo político, principalmente entre Estado e sociedade.

No Brasil, "é inegável que, nos últimos anos, o país deu alguns passos à frente devido a medidas que aumentaram a possibilidade de controle, nos interstícios eleitorais, dos atos dos poderes Executivo e Legislativo." Os autores destacam vários instrumentos implementados pela internet para disponibilização de informações, como as informações do Sistema de Administração Financeira (SIAFI), as informações sobre transferências constitucionais a estados e municípios, as informações sobre o Plano Plurianual disponibilizadas pelo Ministério do Planejamento e a Ouvidoria

Geral da União, que permite fazer denúncias pelo *site* da Presidência da República. Mas, diante desses conceitos, fica uma reflexão: Qual o perfil da governança eletrônica na América Latina? [10].

> Table

Em um banco de dados, uma coleção de linhas (registros) que têm associado colunas (campos).

___________.

> TANSTAAFL

TANSTAAFL é um acrônimo para o adage "Não há nenhuma coisa como um Lunch livre" Demonstra custo de oportunidade. em que conceitualmente seria como "Para começar uma coisa de que nós gostamos, nós geralmente temos que dar acima uma outra coisa de que nós gostemos. Fazer decisões requer negociar fora de um objetivo de encontro a outro. É muitas vezes empregado no trabalho em TI para lembrar aos participantes que para "free software" decorra-se de serviço realmente necessário com um trabalho suplementar e custo além do hatitual, ou que nenhuma mudança vem sem um custo

> Task (Tarefa)

Uma atividade específica, definível para realizar uma parte do trabalho atribuído, muitas vezes terminar dentro de um certo tempo.

> Taxonomy (Taxonomia)

Um esquema de estrutura de dados hierárquicos ou um tipo de classificação composta de classes, onde basicamente um nó representa uma taxonomia mais restrito, menores, subclasse de seu pai. Um exemplo é uma estrutura de árvore de diretórios. Em alguns conceitos, a Taxonomia se refere à linguagem controlada, conjunto usado para descrever cada nó na árvore de taxonomia.

> Technical Architect (Arquitetura técnica)

Composta por Engenheiro Técnico senior responsável pela integração de elementos de uma infra-estrutura de TI complexos e contribuindo para o desenvolvimento de um portfólio de tecnologia.

> Technical Specification (TS)+B607
Um tipo de documento da Organização Internacional de Normalização

---

> Test Specification (Teste de especificação)
Um documento especificando entradas que prevê resultados esperados, um conjunto de condições de execução de um item de teste, e uma seqüência de ações para a execução de um teste.

>Testing Coordinator (Testes de cordenadas)
Uma pessoa que planeja, horários e caminhos da qualidade de testes de aplicativos de TI

> Tightly Coupled (Firmemente acoplado)
Uma abordagem inflexível arquitetônica para a conexão entre dois ou mais sistemas de computadores que estão trocando dados. Firmemente acoplado seriam conexões que podem ser difíceis de mudar. Em contraste, os sistemas fracamente acoplados são mais flexíveis e são consideradas úteis quando da origem ou destino os sistemas de computador estão sujeitos a mudanças freqüentes.

> Timeliness
Uma característica dos dados. Significa que as regras para para os dados estão disponíveis durante o período de tempo quando é necessário.

> Tone From the Top
Mensagens explícitas ou implícitas enviado pela liderança de uma organização. Para ser bem-sucedido, o cumprimento e programas de governo em geral, exigem um forte tom de soberania sobre as expectativas para a participação.

> Total Cost of Ownership (TCO)

Representa uma metodologia utilizada para tomar decisões de investimento. TCO avalia os custos de ciclo de vida completo de algum elemento ou aspecto, e não apenas o custo inicial ou preço de compra.

> Total Quality Management (Gerenciamento da Qualidade Total)

TQM é uma abordagem de gestão para uma organização, centrada na qualidade, baseado na participação de todos os seus membros, visando o sucesso a longo prazo através da satisfação do cliente, e os benefícios para todos os membros da organização e para a sociedade..

> Traceability (Rastreabilidade)

Em geral, a integridade das informações sobre cada passo em uma cadeia de processo. No desenvolvimento de software, rastreabilidade se refere à capacidade de ligar de volta para racionalidades requisitos das partes interessadas e para a frente a outros artefatos de design, código e os casos de teste.

As sete práticas em governança corporativa para otimizar a performance: trabalho e assalariado

1. É preciso oferecer segurança no emprego, respeitando o salário combinado, férias, fins de semana. Isso gera uma relação de confiança entre empregador e funcionário. Esse é o primeiro ponto para eliminar os problemas com as necessidades básicas do empregado.

2. Adote uma seleção de pessoal com rigor e método.

3. Reduza diferenças entre categorias. Imagine uma situação de crise, em que alguns funcionários trabalham por um período mais prolongado, enquanto uma outra parte sai mais cedo. Esse tipo de postura cria um ambiente de trabalho desconfortável.

4. Descentralize a tomada de decisões.

5. Ofereça remuneração comparativamente alta em relação ao concorrente e vinculada a resultados. Se o concorrente paga melhor, pode gerar muita rotatividade.

6. Ofereça programas para formação das pessoas.

7. Ofereça informação ampla e compartilhada

[U]

>UAT

Acrônimo para User Acceptance Testing. Testes conduzidos pelos usuários de negócios ou os seus representantes para verificar se o software satisfaz os seus requisites.

> UML

Acrônimo para see Unified Modeling Language. A linguagem de modelagem criada pela empresa Rational Software para implementar a metodologia Orientada a Objetos. A Unified Modeling Language (UML) é uma linguagem para especificar, visualizar, construir e documentar os artefatos de sistemas de software, bem como para a modelagem de negócios e outros sistemas de software.

> Uniqueness (Singularidade)

Uma característica dos dados. Significa que as regras devem saber se pode haver mais de um registro de dados com o mesmo valor.

> Unit Testing (Teste unitário)

No nível mais básico dos testes. Testes de unidade verifica se o código do componente de software aplicativo funciona de acordo com suas especificações e valida a lógica do programa.

> Usability (Usabilidade)

Descreve se os dados são satisfatórios e aceitáveis para o uso pretendido pelo cliente.

Use Case (Caso de uso)

Um caso de uso define uma meta orientando um conjunto de interações entre usuários externos e do sistema em análise ou desenvolvimento.

Governança de TI e Gerenciamento de TI

Uma importante e comum preocupação da GTI (Governança e Tecnologia da Informação) é a ligação entre a TI e os objetivos atuais e futuros da organização. Esta preocupação nos remete a refletir sobre as diferenças entre Governança de TI e Gerenciamento de TI, que nem sempre são claras. Esta distinção pode ser melhor visualizada na Figura abaixo.Gerenciamento de TI tem como foco o fornecimento efetivo de serviços e produtos de TI internos e o gerenciamento das operações de TI no presente.

A GTI por sua vez é mais abrangente e concentra-se no desempenho e transformação de TI, para atender demandas atuais e futuras do negócio da corporação (foco interno) e negócio do cliente (foco externo).

Isto não diminui a importância e complexidade do Gerenciamento de TI. Mas enquanto o Gerenciamento de TI e fornecimento de serviços de TI e produtos podem ser realizados por um fornecedor externo, a Governança de TI é específica da organização, e direção e controle sobre TI não podem ser delegados para o mercado.

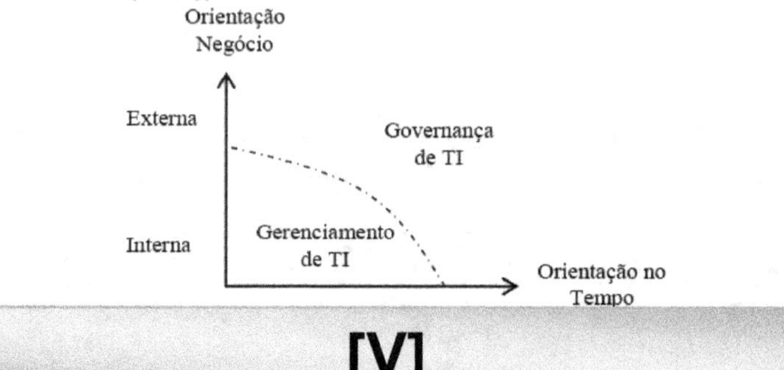

[V]

> Validation

O processo de determinar se um produto ou serviço cumpre os requisitos para o qual foi concebido.

> Verification

Atividades que confirmam que os produtos funcionam corretamente refletindo nos requisitos especificados para aquilo que se espera.

➢ Version

Um exemplo específico de um elemento de software ou documento

➢ View

Estrutura de dados que resulta de uma consulta SQL. É uma informação filtrada ou conjunto que é construído a partir de dados em uma ou mais tabelas

➢ VLDB

Acrônimo para Very Large Databases.

➢ Vulnerability

No contexto da Gestão de Risco, esta é uma fraqueza que pode ser explorada por uma ameaça. Um exemplo é uma porta destrancada. A falta de controle também é considerada uma vulnerabilidade.

VISÃO GERAL do CENÁRIO MUNDIAL
Governance – Risk – Compliance

Na conjuntura atual, os vários players são cada vez mais exigentes com as empresas modernas:

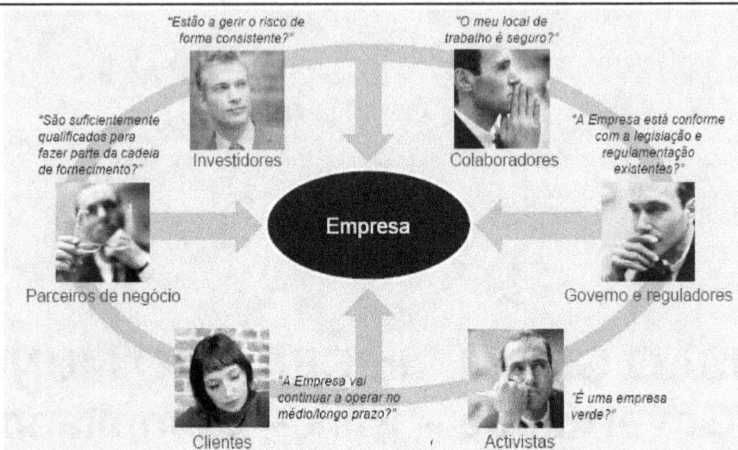

Adicionalmente, as Empresas encontram-se sujeitas a um número cada vez maior de ameaças e desafios:

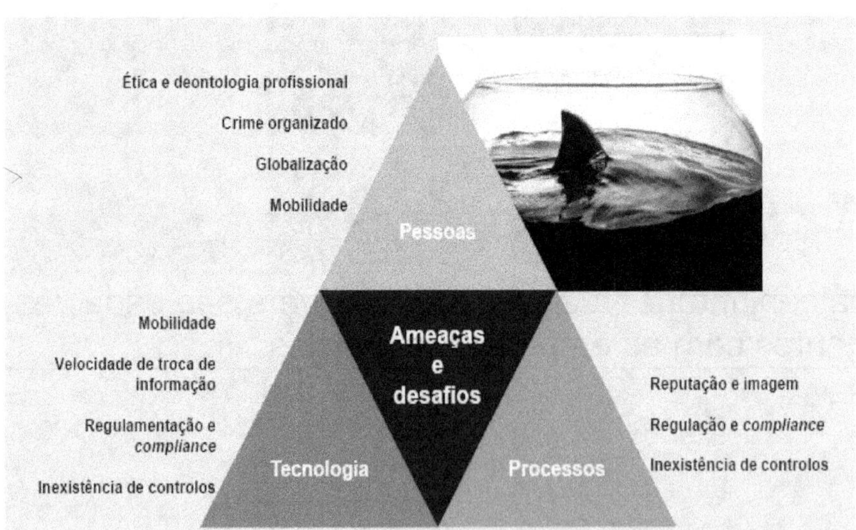

Neste contexto, a auditoria interna desempenha um papel fundamental como **agente ativo na Gestão do Risco:**

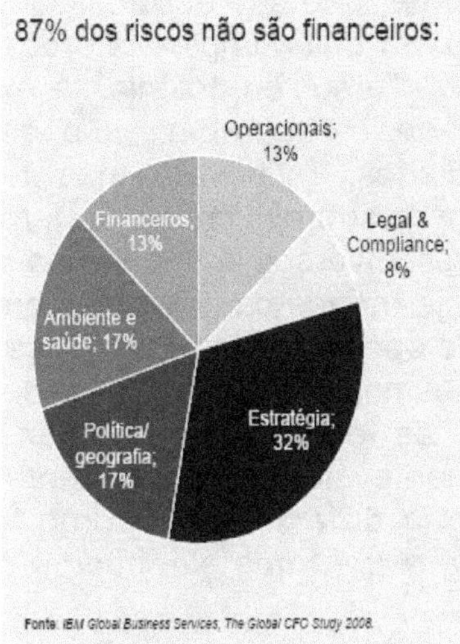

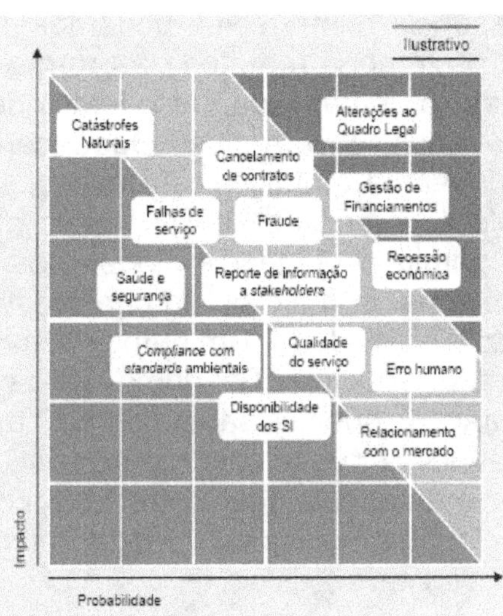

Tempo para fazer coisas diferentes, e fazer as coisas de forma diferente:

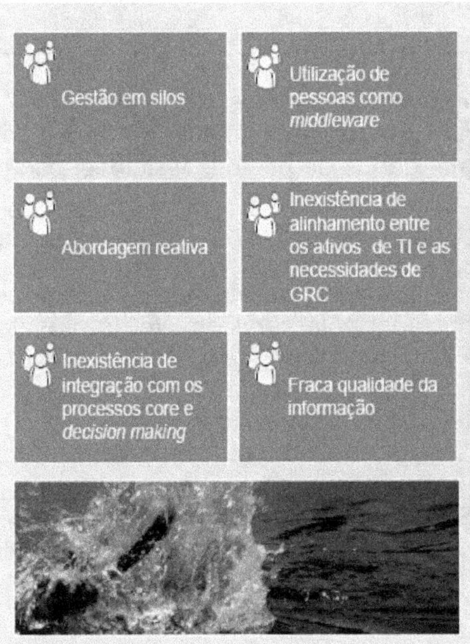

– É necessário acabar com os silos funcionais, processuais e tecnológicos;

– O GRC possibilita um melhor reconhecimento, compreensão e prioritização dos riscos, fator crítico para um processo de tomada de decisão e gestão de *performance* mais efetivo.

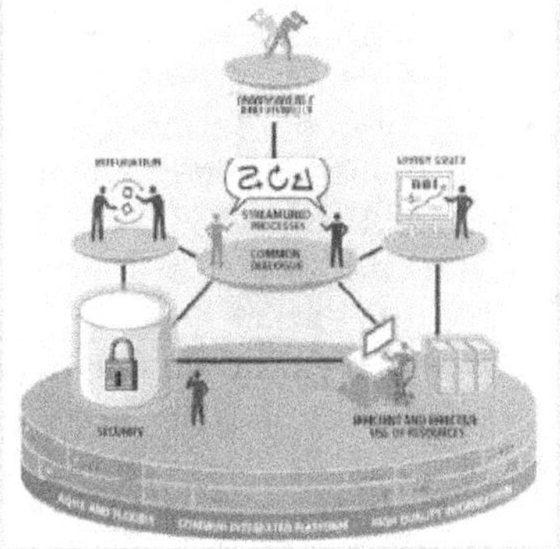

A governança se analisarmos num prisma global, dentro do contexto de sua essência primogênita, podemos perceber que sua aplicabilidade já vem desde os tempos remotos da pré-história. Já pelo simples fato de envolver pessoas (primatas), quando dentro de sua "tribo" ou colônia, já existia um líder e seus governados. Obedecendo de certa forma, uma cadeia de procedimentos primitivos (processos) diários, rotineiros, mas funcionais daquele cotidiano de sua às vezes efêmera sobrevivência. As ferramentas antes primitivas hoje dão lugar aos mais diversos e modernos recursos tecnológicos. O meio de comunicação hoje menos carnal, mas com grande rapidez e efetividade. Em suma, o "modus operandi" da governança seja ela corporativa ou de TI, prima pelos mesmos princípios e alicerces de sustentação que é saber definir bem as estratégias de planejamento adaptando-se quase que "camaleosticamente" ao "meio –ambiente" que se chama mercado concorrente. Pois como já dizia Willian George Ward: *"O pessimista queixa-se do **vento**, o otimista espera que ele mude e o realista **ajusta as velas"**.

[W]

> WBS
Acrônimo para Work Breakdown Structure

> Web Analytics
Ferramentas utilizadas para compreender os padrões de utilização da Web e tendências. Eles normalmente oferecem capacidades analíticas para ir além do arquivo de log de acesso comum, ou seja, dados de páginas visitadas, conforme as análises

---

> Web Service
Qualquer parte do software que se torna disponível através da Internet e utiliza um sistema de mensagens XML padronizadas. Os serviços Web são plataformas neutras e fornecedores independentes de protocolos. A expressão "serviços web" passou a significar uma maneira padronizada de integrar múltiplos protocolos da web online, tais como XML, SHTML, PERL, CGI, com a finalidade de padronizar as operações e criar um "user-friendly", navegador baseado em experiência do usuário

---

> Work Breakdown Structure (Estrutura independente de trabalho)
Uma lista de tarefas do projeto, que organiza e define o escopo de trabalho total do projeto.

> Work Product

Os resultados ou respostas que necessitam ser produzidas, a fim de completar o projeto.

> Workflow (Fluxo de trabalho)

O movimento de dados, documentos, ou tarefas através de um processo de trabalho, geralmente utilizado no contexto das tecnologias que automatizam fluxos de trabalho. Programas de Governança de Dados, muitas vezes se esforçam para resolver os fluxos de trabalho pela incorporação de controles de gestão (por exemplo, as aprovações e as etapas de decisão) ou através de loop-outs para processos de governança (por exemplo, resolução de problemas de controle de mudanças

> Workflow Task

Uma atividade atribuída a um indivíduo como parte de uma seqüência de atividades.

> World Wide Web Consortium (W3C)

A World Wide Web Consortium se tornou a principal organização para a criação de especificações da Web, e cujo objetivo principal é a interoperabilidade.

FRAMEWORK DE GOVERNANÇA

O *framework para Governança* alinha uma comunidade de prática com os objetivos organizacionais, gerenciamento, princípios e infra-estrutura. Toda organização tem de forma implícita ou explícita sua visão estratégica, baseada em um conjunto de objetivos de negócio da organização. Para alcançar esses objetivos, é muito importante controlar os processos de forma satisfatória. Na tentativa de sistematizar o controle desses processos, pode-se então direcioná-los em termos de governança.

No entanto, o termo governança de conhecimento é definido como o processo de controlar as bases de conhecimento para alcançar os objetivos organizacionais. O *framework* de governança de conhecimento apresentado limita o contexto dos processos. Existem três níveis presentes no *framework*: operacional, de apoio e em longo prazo. Estes níveis podem ser definidos como:

- GC operacional: cuida da demanda de clientes para conhecimento em produtos ou serviços e é formado por uma equipe de projeto com uma base de conhecimento consistente de funcionários especializados.
- GC de apoio: possui uma visão geral do mapa de conhecimento desenvolvido na aplicação e é incumbido de aperfeiçoar a base com um mapa de deficiência da base de conhecimento e adaptá-la aplicando treinamento, alocando, comprando, desenvolvendo produtos de conhecimento.
- GC à longo prazo: avalia a GC no nível de apoio e operacional. Os resultados são direcionados para as estratégias e objetivos de negocio da organização na forma de planejamento que é repassado para todos os processos de GC da organização para alinhar com o que deve ser alcançado considerando os custos e lucros a serem realizados [11].

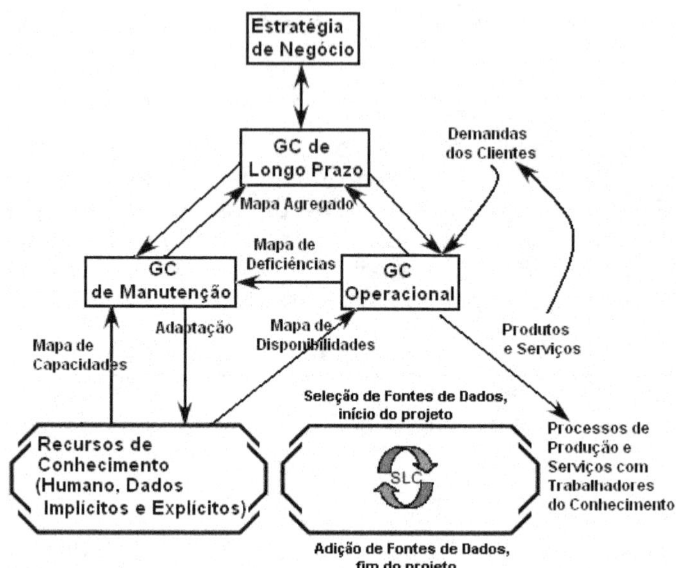

[X]

> XBRL (eXtensible Business Reporting Language)

Baseado em XML, onde representa a linguagem de marcação desenvolvida para relatórios financeiros. Ao empregar este método baseado em padrões para preparar e publicar as informações, as organizações tornam possível para os outros de forma fiável uma maneira de extrair automaticamente a troca de demonstrações financeiras

➢ XML (Extensible Markup Language)

Um padrão aberto para descrever os dados do W3C. É utilizada para definir os elementos de dados em uma página da Web e business-to-documentos empresariais. XML usa uma estrutura de marcas similares como o HTML, no entanto, enquanto HTML define como elementos são exibidos, o XML define o que contêm esses elementos. Enquanto usa tags HTML predefinido, permite que os tags XML a ser definido pelo desenvolvedor da página. Assim, praticamente todos os itens de dados, tais como "produto", "representante de vendas" e "montante devido", podem ser identificados, permitindo que as páginas da Web que funcionam como registros de banco de dados. Ao fornecer um método comum de identificação de dados, XML suporta transações business-to-business e tornou-se o "formato" para o intercâmbio eletrônico de dados e serviços Web

Compliance CheckList - Guia das boas práticas de Governança

A OPSSC está comprometida com as boas práticas de Governança. Ajudando com que forneça um serviço de qualidade que seja eficiente, eficaz, justo, transparente e sobretudo, de confiança.

A governança e operação da OPSSC é conduzida de acordo com um comitê compreendido e aceito pelo quadro de responsabilização – princípios padrões (*Accountability Framework*).

O OPSSC *Accountability Framework* fornece a estrutura necessária dentro das melhores práticas adotadas, de maneira que se possa atingir os seus principais objetivos estratégicos e resultados esperados. Além disso, promove a qualidade e coerência na forma como os recursos são adquiridos e utilizados.

O OPSSC *Accountability Framework* é baseado nas boas práticas de Governança. Este ChekList descreve nove princípios fundamentais da governança, como mostrado na figura abaixo. Usando estes princípios, as seções a seguir descrevem os mecanismos internos descritos pela OPSSC.

Princípio I - Governo e setor de relações públicas

O relacionamento da organização com o governo é clara.

A OPSSC prima por assegurar uma relação clara e transparente com o governo. Isso impede que qualquer influência na administração seja ocasionada, proporcionando um incentivo na aplicação rápida e eficaz do governo com base em políticas estratégicas.

Princípio II – Gestão e Supervisão

Os gestores da organização e supervisão são responsáveis por claras definições sejam elas de cunho estratégico ou não.

Bem definidas as responsabilidades de gestão e prestação de contas, elas terão um significado estratégico importante com planos e programas de trabalho, bem como elementos chave de supervisão independente.

Princípio III – Estrutura Organizacional

A estrutura da organização serve as suas operações

A OPSSC exige uma estrutura organizacional que reflete os seus principais objetivos operacionais. Ao mesmo tempo, a estrutura deve ser suficientemente flexível para responder às mudanças no âmbito estratégico da missão da empresa.

Princípio IV – Operacional
A organização planeja suas operações para atingir seus objetivos
A OPSSC promove o planejamento operacional como um instrumento fundamental para assegurar a responsabilização e eficácia da gestão com utilização dos recursos. Como tal, o planejamento operacional exige vários aspectos de governança que por sua vez é uma chave primordial para o aumento de adesões.

Princípio V – Ética e Integridade
Ética e integridade devem ser embutidos nos valores da organização e das operações
Busca por garantir que o comportamento ético é fundamental em tudo que for executado, onde a composição de um comportamento ético é elementar para garantir a integridade do processo de decisão e de qualidade na prestação de serviços e da confiança da comunidade. Imbuídos desta ética como um valor básico para todas as operações será a mola mestra para um bom negócio e fechamento de resultados promissores.

Princípio VI – Pessoas
A liderança da organização na gestão de pessoas contribui para o indivíduo e resultados organizacionais almejados.
A OPSSC está centrada na construção de governança adequada na gestão dos empregados. Isto abrange o tratamento justo, transparente e equitativo dos empregados, bem como estratégias globais para motivar e levar as pessoas a promover o desenvolvimento pessoal.

Princípio VII – Finanças
A organização deverá salvaguardar a integridade financeira e prestação de contas
Uma boa gestão financeira garante responsabilidade e eficiência no processo de gestão dos recursos públicos. Junto às Políticas de Finanças que definirão os objetivos estratégicos e resultados.

Princípio VIII – Comunicação
A comunicação da organização com todas as partes deverá ser acessível, aberta e receptiva.

As políticas de comunicação da OPSSC cobrem o lançamento de relatórios e interação com os meios para garantir que a informação seja divulgada através de canais corretos, de forma amparada ao grupo destinado corretamente.

Princípio IX – Gerenciamento de Riscos
A organização identifica e gerencia seus riscos.
Estar ativamente empenhado em identificar a sua exposição ao risco em particular e em desenvolvimento e prevenção de riscos com implementação de planos de contingência. A política de gestão de risco poderá englobar por exemplo, setores financeiros, físicos ou até mesmo riscos de reputação.

A OPSSC desenvolveu esta lista de Conformidades para ajudar as organizações a avaliarem e controlarem o cumprimento das suas exigências na prestação de contas através de um framework. Abordando desta forma algumas constantes das boas práticas a serem adotadas para GRC.

Como posso usar este CheckList ?

=> Facilidades internas e externas quanto aos relatórios de conformidade
Você pode usar o checklist para se comunicar e emitir relatório sobre a governança da sua organização.

Quando usado para se comunicar internamente, o checklist irá reforçar a sua equipe na compreensão de conceitos elementares da governança aplicáveis em diferentes segmentos de sua organização. Maximizando desta forma, a consciência pessoal de cada individuo da organização sobre o importante papel coletivo em manter as boas práticas da governança.

A lista também servirá como uma simples ferramenta de referência para a comunicação com o seus agentes externos, outras organizações do setor e da mídia, bem como o público em geral.

Recursos Adicionais

    ⇨ Matriz de princípios operacionais
    ⇨ Mapa de responsabilidades

⇨ Exemplo de práticas comuns
⇨ Modelo de maturidade
Onde você poderá encontrar em: http://www.opssc.wa.gov.au/GGG/

Verificação rápida do desempenho da governança de sua organização

O checklist irá permitir que você ganhe uma rápida checagem resumida e ampla do nível em que sua organização se encontra em termos de conformidades de governança. Ele ajudará você a identificar os pontos fortes da sua organização e para se certificar que você não está negligenciando em qualquer área que envolva os princípios de governança. É também uma prática ferramenta para, refletir, planejar e estabelecer prioridades de sua organização em detrimento ao desempenho da governança existente que ali se insere.

❖ **Princípio I**

		Elemento Operacional	Política Aplicável / Outro documento	Referências de relatórios	Cum pre? (S / N)
.1	1	Documento que define responsabilidades e acordos entre Diretor Executivo e Ministro?			
.2	1	Existem processos para gerir a comunicação e a interações entre ministros e outros representantes parlamentares da organização?			
.3	1	Existe gravação e monitoramente da comunicação e interação entre as outras pessoas?			

GERAL	O relatório anual da organização identifica os níveis de cumprimento contra e relevante empregadas pela norma, conforme Relatório anual no estabelecimento de normas, dos requisitos de governança, assuntos patrimoniais e perante órgãos de fiscalização?			

❖ Princípio II

	Elemento Operacional	Política Aplicável / Outro documento	Referências de relatórios	Cumpre? (S / N)
.1	Existe documentação que define os papéis, responsabilidades e níveis relevantes de gestão (por exemplo, as pessoas chave envolvidas na definição da organização nas metas estratégicas e resultados com monitoramento do desempenho organizacional)?			
.2	Onde existem conselhos e comissões, a relação entre as partes deve ser claramente definida.			
.3	Existe um plano estratégico que define se a organização possui metas estratégicas e resultados chave de saídas?			
.4	Existem planos operacionais e programas de trabalho, de modo que envolvam fatores que definem o sucesso, a criticidade de algum problema, delineando para com as principais metas estratégicas e resultados que serão realizados em outros níveis da organização?			
.5	Existe algum quadro de delegações que define níveis de autoridade?			
2.6	Existem medidas de desempenho que são definidas e monitorizadas para os objetivos estratégicos da organização?			
G	O relatório anual da organização identifica os níveis de cumprimento contra e relevante empregadas pela norma, conforme Relatório anual no			

		Política Aplicável / Outro documento	Referências de relatórios	Cumpre? (S / N)
A	estabelecimento de normas, dos requisitos de governança, assuntos patrimoniais e perante órgãos de fiscalização?			

❖ <u>Princípio III</u>

		Elemento Operacional	Política Aplicável / Outro documento	Referências de relatórios	Cumpre? (S / N)
.1	3	Políticas para garantir que a estrutura da organização serve os seus principais objetivos e resultados estratégicos?			
.2	3	Existem processos para gerir a mudança estrutural e as relações entre as unidades de negócios?			
.3	3	Identifica-se medidas de desempenho que proporcionam estrutura aos planos estratégicos?			
GERAL		O relatório anual da organização identifica os níveis de cumprimento contra e relevante empregadas pela norma, conforme Relatório anual no estabelecimento de normas, dos requisitos de governança, assuntos patrimoniais e perante órgãos de fiscalização?			

❖ <u>Princípio IV</u>

		Elemento Operacional	Política Aplicável / Outro documento	Referências de relatórios	Cumpre? (S / N)
.1	4	Existem políticas operacionais que permitem a entrega de resultados e objetivos estratégicos para organização?			
.2	4	Existem planos operacionais da organização e programas de trabalho para apoio dos principais resultados e objetivos estratégicos que são regularmente ajustados às mudanças estratégicas e de impacto ambiental?			
.3	4	A Infra-estrutura está no local adequado para permitir com que a organização possa implementar seus planos operacionais?			
.4	4	Existe algum tipo de registro correto e adequado que seja mantido de modo que o desempenho nas operações da organização esteja alinhado com seus resultados e			

	objetivos estratégicos?			
4 .5	Os processos assim como os resultados específicos de negócio possuem indicadores de performance que complementam o desempenho da organização em relação a sua estratégica e planos operacionais?			
4 .6	Ocorre avaliação de desempenho e auditorias que são conduzidas sistematicamente?			
GERAL	O relatório anual da organização identifica os níveis de cumprimento contra e relevante empregadas pela norma, conforme Relatório anual no estabelecimento de normas, dos requisitos de governança, assuntos patrimoniais e perante órgãos de fiscalização?			

❖ **Princípio V**

	Elemento Operacional	Política Aplicável / Outro documento	Referências de relatórios	C ump re? (S / N)
5 .1	Os valores da organização e código de conduta refletem o Código de Ética que define as normas de conduta oficial e profissional referente ao comportamento esperado dos empregados?			
5 .2	A organização compreende a ética e integridade como riscos a serem identificados nas políticas e abordados nos processos operacionais ? (por exemplo, contratos, conflito de interesses)			
5 .3	Quadros de Gestão de Pessoas definem respostas ao comportamento não-ético?			
5 .4	Processos estão inseridos corretamente para fornecer a supervisão e assistência adequada a permitir um retorno que estejam em conformidade? (por exemplo, através de parcerias públicas, divulgação).			
5 .5	Os processos estão estruturados para acompanhar a conduta oficial e comportamento profissional ? (por exemplo,auditoria de conformidade, gestão de desempenho).			
GERAL	O relatório anual da organização identifica os níveis de cumprimento contra e relevante empregadas pela norma, conforme Relatório anual no estabelecimento de normas, dos requisitos de governança, assuntos patrimoniais e perante órgãos de fiscalização?			

❖ **Princípio VI**

	Elemento Operacional	Política Aplicável / Outro documento	Referências de relatórios	Cum pre? (S / N)
.1	Existem políticas para permitir a atração, retenção e gestão de pessoas?			
.2	Existem planos de garantam que os processos, decisões e ações sejam baseadas nos princípios de equidade e diversidade, e são consistentes,transparentes, imparciaisl e abertos para revisão?			
.3	Os quadros de Gestão de Pessoas abrangem continuidade de trabalho conjunto?			
.4	Os procedimentos estão estruturados para acompanhar os processos aderentes às políticas de recursos humanos?			
.5	Ocorre o processo de feedback para identificar na prática problemas de gestão de pessoas?			
GERAL	O relatório anual da organização identifica os níveis de cumprimento contra e relevante empregadas pela norma, conforme Relatório anual no estabelecimento de normas, dos requisitos de governança, assuntos patrimoniais e perante órgãos de fiscalização?			

❖ Princípio VII

	Elemento Operacional	Política Aplicável / Outro documento	Referências de relatórios	Cumpr e? (S / N)
.1	7 Existem políticas de finanças definidas para cumprir com os objetivos estratégicos e os resultados que a organização financeiramente empregou ?			
.2	7 Existe algum documento formal específico de auditoria com as funções e responsabilidades, composição e estrutura relativo a todas funções de auditoria?			
.3	7 Ocorre processos para garantir o adequado registro das transações financeiras aplicáveis de acordo com normas de contabilidade?			
.4	7 Ocorre operações financeiras que contribuem para a organização, nos resultados chave e objetivos			

	estratégicos , mantendo o alto nível de integridade?			
.5	7 Os processos estão estruturados para acompanhar o desempenho da auditoria financeira confrontando ao orçamento e os principais objetivos estratégicos, tanto a nível executivo assim como por uma comissão de auditoria independente?			
GERAL	O relatório anual da organização identifica os níveis de cumprimento contra e relevante empregadas pela norma, conforme Relatório anual no estabelecimento de normas, dos requisitos de governança, assuntos patrimoniais e perante órgãos de fiscalização?			

❖ Princípio VIII

	Elemento Operacional	Política Aplicável / Outro documento	Referências de relatórios	Cumpre? (S / N)
.1	8 Considera-se que as políticas de comunicação asseguram uma comunicação da organização aberta, acessível e adaptável?			
.2	8 Considera-se que as políticas empregadas garantem com que a informação é divulgada através de canais eficientes, de modo a poder corrigir, em tempo hábil e ao grupo apontado corretamente?			
.3	8 Os processos garantem pró-atividade, transparência e comunicação interna e externa de resposta/retorno ?			
.4	8 Considera-se que os processos auxiliam no cumprimento da legislação, na manutenção de registros, assim como na divulgação de interesses públicos e a liberdade de informação, salvaguardando a confidencialidade e integridade das informações na esfera da prevenção não autorizada, em casos de falsificação ou divulgação prematura e/ou indevida?			
.5	8 Existe uma estratégia de auditoria para fiscalizar o cumprimento com as políticas e estratégias de comunicação?			
GERAL	O relatório anual da organização identifica os níveis de cumprimento contra e relevante empregadas pela norma, conforme Relatório anual no estabelecimento de normas, dos requisitos de governança, assuntos patrimoniais e perante órgãos de fiscalização?			

❖ Princípio IX

	Elemento Operacional	Política Aplicável / Outro	Referências de relatórios	Cumpre? (S / N)

			documento		
.1	9	Existem políticas governamentais de gestão dos riscos de material? (por exemplo, à reputação,física ou financeira, inclusive profissionais da segurança e saúde)			
.2	9	A exposição de riscos para a organização é avaliada e os planos de recuperação são implementados?			
.3	9	As medidas preventivas para as principais categorias de risco são colocadas como prioridades a serem executadas/planejadas?			
.4	9	Existem procedimentos para monitorar incidentes a partir das categorias de risco identificados ? (análise de dados).			
GERAL		O relatório anual da organização identifica os níveis de cumprimento contra e relevante empregadas pela norma, conforme Relatório anual no estabelecimento de normas, dos requisitos de governança, assuntos patrimoniais e perante órgãos de fiscalização?			

REFERÊNCIAS BIBLIOGRÁFICAS

[1] – ETHOS, CRIANDO VALOR - O business case para sustentabilidade em mercados emergentes. Disponível em: <http://www1.ethos.org.br/ >. Acesso em 12 Janeiro. 2009.

[2] - RISK ADVISORY SERVICES – Estudo sobre as melhores práticas de governança corporativa no Brasil e nos Estados Unidos – Base Relatório Anual – 20F

[3] – ECONOMUS – Educação Previdenciária - Fundação dos funcionários da Companhia Riograndense Corsan – RS

[4] – FEA-USP - Governança nas organizações do terceiro setor – Disponivel em: <

http://www.ead.fea.usp.br/Semead/10semead/sistema/resultado/trabalhosP
DF/400.pdf> Acesso em 29 fevereiro 2009.

[5] – Blog do Márcio d´Ávila – Tecnologia da Informação, notas e
cotidiano Disponível em: <http://blog.mhavila.com.br/category/seguranca/ >
Acesso em 29 Outubro 2009.

[6] SOFT EXPERT - Gestão de Governança, Riscos e Regulamentos
[GRC] - <http://www.softexpert.com.br/gestao-governanca-riscos-
regulamentos.php > Acesso em 13 de Outubro de 2009>

[7] ELO GROUP – GRC FAQ Disponível vem:
<http://www.elogroup.com.br/download/GRC%20FAQ%20v1.0.pdf >Acesso
em 22 Novembro 2009>

[8] TERRA FORUM – BIBLIOTECA
<http://www.terraforum.com.br/biblioteca/Documents/Gestao%20do%20Con
hecimento%20e%20Inteligencia%20Competitiva.pdf > Acesso em 17 Julho
2009

[9] DCI – Comércio,Industria e Serviços
<http://www.dci.com.br/noticia.asp?id_editoria=7&id_noticia=299136&editori
a= > Acesso em 21 Dezembro 2009

[10] – NEIC – Governança Eletrônica na América Latina <
http://neic.iuperj.br/GovernancaEletronicaNaAmericaLatina_Final.doc >
Acesso em 14 Agosto 2009

[11] - UFRJ - PESC - Programa de Engenharia de Sistemas e
Computação <http://www.cos.ufrj.br/uploadfiles/1216055497.pdf > Acesso
em 17 de Outubro 2009.

www.ingramcontent.com/pod-product-compliance
Lightning Source LLC
Chambersburg PA
CBHW061804250726
48657CB00001B/284